高等职业教育汽车车身维修技术专业教材

汽车修补涂装调色与抛光技术

肖　林　廖辉湘　主　编
赵小光　杨林发　副主编

人民交通出版社股份有限公司
China Communications Press Co.,Ltd.

内容提要

《汽车修补涂装调色与抛光技术》是高等职业教育汽车车身维修技术专业教材之一。主要内容包括抛光基础、抛光工具及设备的使用、抛光标准工艺流程、各类漆面缺陷、影响抛光效果的因素、油漆调色安全防护、油漆调色工具及设备、油漆颜色基础、水粉颜料调色、醇酸磁漆调色、单双组分素色漆调色、银粉漆调色、珍珠漆调色。

本书可作为高等职业院校汽车车身维修技术专业课程教材或自学用书,也可供汽车车身维修技术人员、管理人员或技师参考使用。

图书在版编目(CIP)数据

汽车修补涂装调色与抛光技术 / 肖林,廖辉湘主编. —北京:人民交通出版社股份有限公司,2018.7
ISBN 978-7-114-14727-2

Ⅰ.①汽… Ⅱ.①肖… ②廖… Ⅲ.①汽车—车辆修理—喷涂 Ⅳ.①U472.44

中国版本图书馆 CIP 数据核字(2018)第 102270 号

书　　名:	汽车修补涂装调色与抛光技术
著 作 者:	肖　林　廖辉湘
责任编辑:	郭　跃
责任校对:	赵媛媛
责任印制:	张　凯
出版发行:	人民交通出版社股份有限公司
地　　址:	(100011)北京市朝阳区安定门外外馆斜街 3 号
网　　址:	http://www.ccpress.com.cn
销售电话:	(010)59757973
总 经 销:	人民交通出版社股份有限公司发行部
经　　销:	各地新华书店
印　　刷:	北京市密东印刷有限公司
开　　本:	787×1092　1/16
印　　张:	8
字　　数:	181 千
版　　次:	2018 年 7 月　第 1 版
印　　次:	2018 年 7 月　第 1 次印刷
书　　号:	ISBN 978-7-114-14727-2
定　　价:	32.00 元

(有印刷、装订质量问题的图书由本公司负责调换)

前言 PREFACE

为了满足高等职业教育培养汽车车身维修技术专业高等技术应用型人才的需要,为了贯彻十九大报告所提出的建设知识型、技能型、创新型劳动者大军,弘扬劳模精神和工匠精神,营造劳动光荣的社会风尚和精益求精的敬业风气,云南交通运输职业学院在深化职业教育改革,积极推进课程改革、教学改革及教材改革,满足职业教育发展新需求的过程中积极探索,组织一批教学经验丰富、实践能力强的教师与行业、企业的一线专家,依托世界技能大赛车身修理项目中国集训基地及国家级高技能人才培训基地两大优势平台,在充分调研的基础上,编写了本套教材,供高等职业教育汽车车身维修技术专业、汽车运用与维修技术、汽车检测与维修技术、汽车改装技术等专业教学使用。

本教材主编作为第44届世界技能大赛汽车喷漆项目云南交通运输职业学院指导教练,全程参与了世界技能大赛国家选拔赛的选拔、训练、考核,亲自见证了世界冠军培养成长成才之路。在与国内外专家、选手的交流过程中,认真学习世界技能大赛的高标准、高要求。在编写本教材过程中,编者充分借鉴世赛高技能人才培养模式及参照世赛标准的同时,结合国家高技能人才培训要求、国内行业及高等职业教育实际发展现状,使本教材尽可能满足国内各大高等职业院校教学培养需要。本教材从轿车售后维修企业汽车喷漆维修岗位要求分析入手,结合国家对高等职业技术院校培养高等技术应用型人才的要求,确定教学目标和教材内容,强化教材的针对性和实用性;本教材以国家职业标准为依据,使教材内容符合国家职业标准的相关要求,便于教学内容与实际工作需要相关联;本教材以汽车喷漆实操工艺流程为主线,以相关理论知识做辅助为支撑,精选颜色基本理论知识、调色基础及实操、前处理标准工艺、汽车喷漆标准实操工艺等项目内容;本教材根据院校的教学设备和汽车行业的发展趋势,合理安排教学内容,使学生在掌握汽车喷漆调色基础与汽车喷漆标准工艺的基础知识之上,介绍目前汽车喷漆水性漆知识、汽车喷漆标准工艺的相关内容。此外,为便于对知识的理解和吸收,教材采用大量图解以降低学习难度。

在本套教材的编写过程中,编写人员认真学习总结了全国交通职业院校多年来的教学成果,结合汽车维修企业钣喷维修岗位的特点,吸取世界技能大赛车汽车喷漆项目相关经验,借鉴国外发达国家先进职教理念,教材成稿后,形成以下特点:

(1)针对轿车维修企业日常维修多以拆装及外板维修为主的特点,突出培养学生对汽车喷漆标准工艺和调色基础的认知学习,重点强化学生对颜色基础、调色基本理论及实操、汽车喷漆标准工艺的掌握。

(2)语言简洁、图文并茂、贴近实际、可操作性强。

(3)针对高等职业教育学生特点,内容层次分明,循序渐进。

(4)引入企业培训标准,更注重规范性和实用性。

本书由云南交通运输职业学院肖林、廖辉湘老师任主编,赵小光、杨林发老师任副主编,云南交通运输职业学院谢家良老师任主审。

限于编者的理论水平和实践能力,教材内容难以完全覆盖全国各大高等职业院校的实际需求,希望各教学单位在推广及选用本教材的同时,多提出宝贵的意见和建议,以便再版修订时加以完善。

编　者
2018 年 3 月

目 录 CONTENTS

项目一　抛光基础 ………………………………………………………………… 1
项目二　抛光工具及设备的使用 ………………………………………………… 9
项目三　抛光标准工艺流程 ……………………………………………………… 16
项目四　尘点、橘皮、流挂型漆面缺陷 ………………………………………… 24
项目五　色差、针孔、银粉发花型漆面缺陷 …………………………………… 29
项目六　砂纸痕、走珠、痱子型漆面缺陷 ……………………………………… 34
项目七　原子灰印、透底、起皱型漆面缺陷 …………………………………… 39
项目八　渗色、原子灰剥落、失光褪色型漆面缺陷 …………………………… 44
项目九　影响抛光效果的因素 …………………………………………………… 50
项目十　油漆调色安全防护 ……………………………………………………… 56
项目十一　油漆调色工具及设备 ………………………………………………… 67
项目十二　油漆颜色基础 ………………………………………………………… 75
项目十三　水粉颜料调色 ………………………………………………………… 83
项目十四　醇酸磁漆调色 ………………………………………………………… 90
项目十五　双组分素色漆调色 …………………………………………………… 94
项目十六　单组分素色漆调色 …………………………………………………… 103
项目十七　银粉漆调色 …………………………………………………………… 110
项目十八　珍珠漆调色 …………………………………………………………… 117

项目一　抛光基础

学习目标

完成本项目学习后,你应能:
1. 正确阐述抛光的目的;
2. 说出抛光工艺实操存在的安全隐患及应对措施;
3. 正确选用个人安全防护用品。

建议学时

2学时。

现在市场上的汽车漆面护理项目主要有漆面镀膜、漆面封釉、漆面打蜡护理等。汽车漆面护理的基础项目是漆面抛光,要想获得很好的漆面护理效果,漆面抛光是重中之重。另外,在汽车涂装工艺过程中,抛光能更好地让修补漆的漆膜与旧漆膜相似,进而达到修补漆的质量要求。而在进行抛光实训时,安全常识及个人安全防护措施、管理制度是保证涂装质量和个人安全的重要保障。在汽车抛光实操时,对安全必须高度重视,那我们个人在操作过程中如何进行正确有效的个人安全防护、避免安全事故的发生?这是在抛光实操过程中必须掌握的一些基础知识。

一、油漆基础知识

(一) 油漆的类型

按汽车涂装对象和要求的不同,汽车油漆可分为原厂漆和修补漆两种。

1. 原厂漆

原厂漆是指汽车制造厂用在生产线上的油漆。此类型油漆仅在120～160℃且20～30min后产生化学反应,生成油漆漆膜。原厂漆所用涂料属于烘烤聚合型涂料,在一定的温度下烘烤,使成膜物质分子中的官能团发生交联反应而固化。当然,每种涂料都有一定的烘烤温度,不可随意升高或降低,否则会影响涂膜的质量,原厂漆漆膜结构如图1-1所示。

2. 修补漆

汽车修补涂装是指经钣金修复的平面,加工达到原厂漆要求的表面。此时汽车内饰件等零部件均已安装就位,原厂漆的工艺要求是在100℃以上的温度下进行烘烤干燥。考虑修补涂装过程的安全性、可靠性,油漆修补涂装过程所用的原材料基本上为双组分的(现用现配,使用时间有严格的限制),采用的工序为室温固化或烘烤强制固化工艺,修补漆漆膜结构如图1-2所示。

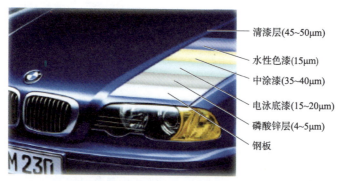

图1-1 宝马原厂漆漆膜结构

图1-2 宝马修补漆漆膜结构

(二)修补面漆的种类

根据面漆的施工工序,我们将面漆分为单工序面漆、双工序面漆及三工序面漆。

1. 单工序面漆

单工序面漆(图1-3)是指经一次施工即形成面漆系统,为车身提供色彩、遮盖力、硬度、光泽及耐久性,不需再喷清漆,俗称三喷三烤。

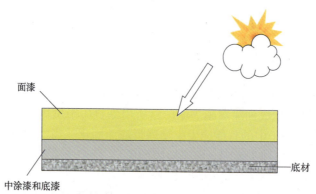

图1-3 单工序面漆示意图

2. 双工序面漆

双工序面漆(图1-4)是指在中涂底漆上喷涂色漆层,然后罩清漆以形成面漆系统。由底色漆提供色彩及特殊效果及遮盖力,清漆提供光泽、硬度,俗称四喷三烤。

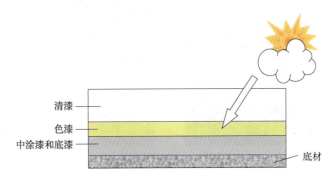

图1-4　双工序面漆示意图

3. 三工序面漆

三工序面漆(图1-5)是指先喷涂打底色漆,再喷涂特殊效果涂料(如珍珠漆),最后罩清漆。底色漆提供底层颜色及遮盖力,特殊效果涂层提供绚丽色彩,清漆提供光泽、硬度。

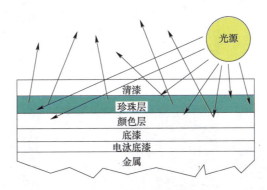

图1-5　三工序珍珠漆示意图

注意:所有漆料产品应适当储存及远离儿童,所有产品必须在通风较好的环境下及装置有排气系统的操用间内使用,汽车修补漆只供专业喷涂或工业施工之用,有关产品说明书及安全守则可向经销商或油漆制造商查阅。

4. 单、双工序鉴别

使用白色棉布(或棉花)配合细抛光蜡,擦拭涂层表面。如果漆膜掉色则是单工序涂层,如果漆膜没有颜色掉落则是双工序涂层,如图1-6所示。

5. 漆面缺陷

漆面的缺陷有很多,如走珠(鱼眼)、溶剂泡、水印、砂纸痕、氧化物沉积、擦伤、色差、垂流(流挂)、橘皮、颗粒、尘点、漆雾、失光等,如图1-7~图1-14所示。

抛光能修复的漆面缺陷表面的种类有如下情况。

(1)漆面修复表面的纹理和原始表面的纹理不一致;

(2)因黏附在涂层表面的灰尘和碎屑而形成的颗粒;

(3)涂料垂挂(流挂);

（4）驳口后的干燥过程中，因溶剂蒸发而造成光泽减退等。

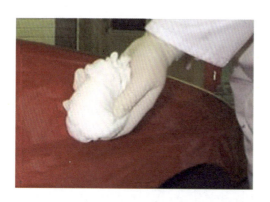 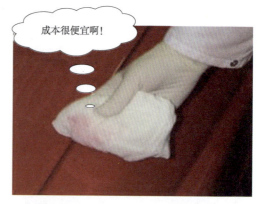

图1-6　单、双工序涂膜鉴别

图1-7　抛光痕　　　　　图1-8　发花　　　　　图1-9　尘点

图1-10　橘皮　　　　　图1-11　针孔　　　　　图1-12　流挂

图1-13　溶剂泡　　　　　　　　图1-14　失光

二、个人安全防护

所有漆料及溶剂使用后必须妥善保存及封盖,并必须远离烟火和避免接触高温。不可将漆料转换到没有标签说明的容器内。当漆料有溅漏时,必须使用安全物料吸收(例如砂),及时弃置于有盖的金属桶内,并依照当地法例处理。抛光实操后进行饮食、吸烟或使用卫生间,都必须认真洗手。

(一)油漆的危害源

(1)颜料可能含有铅、铬、镉、铁等重金属。其中,铅会影响神经系统、血液系统、肾脏系统、生殖系统;铬会影响呼吸道、消化道,导致皮肤溃伤、鼻中隔穿孔;镉会导致呼吸道病变,影响肾脏系统。

(2)有机溶剂可能含有或包括甲苯、二甲苯,会影响中枢神经、皮肤、肝脏。

(3)树脂可能是合成的物质。会导致呼吸道过敏、皮肤过敏。

(4)硬化剂可能含有异氰酸盐。异氰酸盐刺激皮肤、黏膜以及引起呼吸器官障碍。

(二)个人防护装置

在工作中采取安全防护措施是企业健康发展的重要环节。每一个操作步骤,都需要保护好操作人员的健康。

(1)护目镜如图1-15所示,其作用是防止稀释剂、硬化剂或油漆飞溅,以及磨灰对操作人员的眼睛造成伤害。

(2)防尘口罩如图1-16所示,其作用是保护操作人员的肺部免受打磨时产生的固体微粒的危害。

(3)防护手套如图1-17所示,其作用是在打磨或处理汽车零件时免受手部伤害。异氰酸酯和溶剂会通过呼吸器官,即从嘴和鼻吸入人体内。溶剂也会通过皮肤、眼睛和头发被传送到血液系统中,从而损坏人的所有器官。因此,建议与溶剂接触时,佩戴耐溶剂手套。

 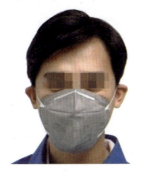 

图1-15 护目镜　　　　图1-16 防尘口罩　　　　图1-17 防护手套

(4)防护鞋也称安全鞋,如图1-18所示,其作用是在工作时,保护操作人员的脚免受重物坠落造成的伤害。

(5)呼吸防护装置如图1-19所示。即使喷漆室装备精良或者只是短时间接触有害气体,也必须佩戴呼吸防护装置。以水为稀释剂的材料也同样不可轻视。即便使用HVLP或低压喷漆枪,喷漆微粒也会引起对健康的危害。

(6)过滤式半面型面罩如图1-20所示,如短期接触有害气体,可使用过滤式半面型面罩。

图1-18 防护鞋

图1-19 呼吸防护装置

图1-20 过滤式半面型面罩

注意：打磨时不可用粗尘过滤式面罩。在短时间内可能不易察觉对身体造成的伤害，但15或20年以后，病症就会发作，通常这种伤害是无法挽回的。根据其大小，溶剂微粒会沉淀在支气管或细支气管中。小于50μm的微尘会进入人体的肺部。

防溶剂口罩的清洗与保存：

①清洗前，拆下滤棉或滤毒盒以及各个阀片。

②使用温水或肥皂水，可用刷子清除脏污，风干。

图1-21 抛光围裙

③检查各部件是否完好，更换受损件。

④如果需要，更换或扔掉滤盒或滤棉。

⑤重新组装好口罩。

⑥将干净的口罩放入塑料袋中，放置于个人的箱子中或固定位置。

（7）抛光围裙如图1-21所示，其作用是为了减少抛光蜡与人体衣服的接触，进而减少其对人身的伤害。在抛光打蜡的过程中，一些注意事项见表1-1。

抛光打蜡的安全防护　　　　　表1-1

工序	有害成分	存在的损害	个人预防与保护	基本的保护	备 注
抛光打蜡	有机硅酮化合物灰尘及微粒	呼吸道	防毒面具	通风较好的环境	
		皮肤	防溶剂手套	装置排风系统的操作间	
		眼睛	防护眼镜		
		溅入	防静电服		
			防护鞋		

（三）急救及医护

(1) 呼吸困难。尽快将有关人等移至新鲜空气处，如没有呼吸应实施人工呼吸，并呼叫求助。

(2) 眼睛溅入。立即用大量清水冲洗15min并送医诊治。

(3) 皮肤接触。立即除下污染物并以大量清水及肥皂清洗。

(4) 误服。勿诱使其呕吐，保持体温和安静，并尽快送医救治。

三、抛光工具设备

1. 打磨块(图1-22)

其作用是去除漆面脏点和其他小缺陷。

图1-22　打磨块

2. 水磨砂纸(图1-23)

水磨砂纸配合打磨块进行去除缺陷,根据缺陷的类型,所用到的打磨砂纸的号数也有所不同。

图1-23　水磨砂纸

3. 抛光机(图1-24、图1-25)

根据动力来源,抛光机包含电动及气动两大类;根据不同的需求,抛光机分为工业用抛光机和简易型抛光机;根据转速不同,分为高速、中速、低速抛光机。

图1-24　旋转式抛光机　　　　　　　　图1-25　离心式抛光机

4. 抛光盘（图1-26）

抛光盘可分为羊毛盘、黄色海绵盘和黑色海绵盘。

羊毛盘优点：能够快速清除车身表面的砂纸痕及微小划痕。

海绵盘优点：抛光时工件不会过热，施工不会对漆膜有很大的损害。

图1-26　抛光盘

习　　题

一、填空题

1. 按汽车涂装的对象和要求不同，汽车油漆可分为_____和_____两种。

2. 根据面漆的施工工序，我们将面漆分为_____面漆、_____面漆及_____面漆。

3. 使用白色棉布配合细抛光蜡，擦拭涂层表面。如果漆膜掉色则是_____涂层；如果漆膜没有颜色掉落则是_____涂层。

4. 有机溶剂可能含有或包括_____、_____。有机溶剂会对中枢神经、皮肤、肝脏等造成伤害。

5. 小于_____的微尘会进入人体的肺部。

6. 颜料可能含有_____、_____、_____、铁等重金属。

7. 双工序面漆是指在中涂底漆上喷涂_____层，然后罩_____以形成面漆系统。

8. "5S"是指_____、_____、_____、_____和_____。

二、判断题

1. 可以穿拖鞋进入实操场地。　　　　　　　　　　　　　　　　　　　　（　　）
2. 抛光工艺不涉及水磨处理。　　　　　　　　　　　　　　　　　　　　（　　）
3. 抛光工艺只需要佩戴防尘口罩就可以了！　　　　　　　　　　　　　　（　　）
4. 原厂漆与修补漆的漆膜结构不一样。　　　　　　　　　　　　　　　　（　　）
5. 抛光施工后进行饮食、吸烟或使用卫生间，都必须认真洗手。　　　　　（　　）

三、简答题

1. 为什么要进行修补漆漆面抛光？
2. 油漆类产品着火，为什么不能用水灭火？

项目二　抛光工具及设备的使用

> **学习目标**
>
> 完成本项目学习后,你应能:
> 1. 说出各抛光工具和抛光耗材的功用及类型;
> 2. 根据各抛光工序正确选择抛光工具和耗材;
> 3. 说出抛光时抛光工具的正确使用及相关注意事项。
>
> **建议学时**
>
> 2学时。

汽车油漆施涂在车身表面是一个复杂的过程,其会因为施工工艺、条件和设备的原因,经常导致喷涂后的漆面出现各种涂装缺陷。已涂装的车辆在使用过程中同样会因为环境、气候、洗车、工业污染等原因而出现一些涂装缺陷。这些缺陷很多时候可以采用抛光的方法来解决。在原厂的生产线上有时也会出现一些小缺陷,这些缺陷同样需要使用抛光的方法进行清除。如果漆面修复表面和原始表面有差异,必须对修复表面打磨,以使该表面形成流向原始表面的连续纹理,所以抛光是非常重要的。为了让缺陷去除,达到更好的抛光效果,我们往往需要一些抛光工具和耗材来让我们更好更快地完成抛光工作。

一、涂料干燥检查

在进行板件抛光之前,涂料的干燥检查是非常重要的,如果涂料未干就进行抛光,那么将会导致严重的漆膜损伤。涂料的干燥(固化)时间由涂料生产商指定,表2-1已经考虑达到完全干燥状态所需要的各个步骤。图2-1为干燥检查方法。

涂料干燥所需时间(常温下)　　　　　　　　　　　　　　表2-1

油漆的状况	时间(h)	干燥的情况
无尘	0.5	灰尘不会黏附到涂料表面
不沾手	3	即使施加压力也没有黏性
足以安装零部件	12	干燥到可以安装零部件
干燥固化	24	固化到足以进行某些其他作业

干燥时的注意事项有：①烘烤后须完全冷却；②自然干燥最少 24h 后或根据产品的干燥要求；③热塑性丙烯酸/硝基漆完全干燥后（没有通过化学干燥）；④当漆面用手指测试仍留有指纹时，不可进行打蜡、抛光；⑤干燥测试需在遮蔽纸上进行。

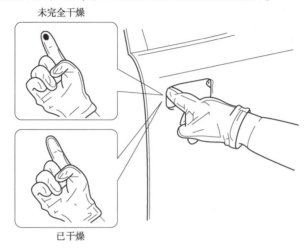

图 2-1　干燥测试

二、抛光工具设备

(一) 打磨块

打磨块如图 2-2 所示，其能够去除漆面脏点和其他的小缺陷。

图 2-2　打磨块

(二) 水磨砂纸

水磨砂纸如图 2-3 所示，水磨砂纸配合打磨板去除漆面缺陷，根据漆面缺陷的类型，所用到的水磨砂纸的型号也有所不同。

抛光水磨砂纸常用的有 800 号、1000 号、1200 号、1500 号、2000 号、3000 号等型号。如果漆面修复部分和原始部分的纹理不一致，需用 1500～2000 筛目数的砂纸打磨粗糙的纹理，使其光滑。在打磨过程中，可以在砂纸上放一点肥皂水，以减少砂纸的沙砾划伤漆膜的风险。

(三) 抛光机

抛光机包含电动及气动两类，根据不同的需求抛光机的种类也有多种。抛光机一般可分为旋转式抛光机和离心式抛光机两种。

图 2-3　水磨砂纸

旋转式抛光机如图 2-4 所示,其能产生高旋转速度,能够快速除去打磨痕迹。

离心式抛光机如图 2-5 所示,离心式抛光机能够减少产生抛光痕迹的风险,能缓慢除去打磨痕迹。离心式抛光机的离心距离越大,抛光效果越好。

图 2-4　旋转式抛光机　　　　　　　　图 2-5　离心式抛光机

(四) 抛光机背垫

抛光机背垫如图 2-6 所示。抛光机背垫越厚越软,其性能越好。

(五) 圆盘打磨机

圆盘打磨机的使用实例如图 2-7 所示。在实操过程中,打磨块打磨使用细粒度的水磨砂纸,但是使用打磨块手工打磨还是存在一定的风险。目前有圆盘打磨机可以用来进行漆面缺陷打磨,使用圆盘打磨机机器打磨通常有较好的打磨效果。圆盘打磨机的砂纸要做成花朵形状,原因有两点:一是花朵形状的砂纸在受损部位打磨得更均匀,二是能保证打磨机和砂纸的清洁。

图 2-6　抛光机背垫　　　　　　　　图 2-7　圆盘打磨机打磨

（六）抛光蜡

抛光蜡如图 2-8 所示。抛光意味着精细打磨。抛光蜡的成分包括摩擦粒子、溶剂、水、添加剂等。抛光蜡的分类一般可分为粗蜡、中蜡和细蜡三种。

图 2-8　抛光蜡

1. 粗蜡

粗蜡能够轻松清除 1200～1500 粒度粗砂划痕，与羊毛盘一起使用易于清洁，不留下涡状痕迹，适用于所有面漆涂层表面。

2. 中蜡

中蜡是一种适用于去除严重化合物漩涡、轻度氧化与轻度砂纸痕迹的侵蚀性、耐久切削平整釉料。其不含蜡或硅酮，清洗快速容易，与细海绵盘一起使用。

3. 细蜡

细蜡与黑色海绵盘一起使用。它是一种光滑切削平整釉料，适用于去除化合物薄雾、轻度划痕以及漩涡痕迹。其用于深色涂料时效果更好，而且不含蜡或硅酮，能快速清洗。

（七）抛光盘

抛光盘如图 2-9 所示，一般可分为羊毛盘、橙色或黄色海绵盘和黑色海绵盘。选择抛光盘应该按照抛光工艺、抛光技术、油漆硬度和油漆状况四个方面去选择。

羊毛盘优点：能够快速清除车身表面的砂纸痕及微小划痕。

海绵盘优点：抛光时工件不会过热、施工不会对漆膜有很大的损害。

值得注意的是，在抛光结束后，抛光盘需要及时清洁，海绵盘用水清洁，羊毛盘用肥皂水清洁。

图 2-9　抛光盘

（八）其他抛光工具及耗材介绍

1. 清洁剂（图 2-10）

清洁剂是指不含硅酮的表面黏土润滑剂和除垢剂，其配方能够轻松去除化合物和抛光剂残留，能有效去除涂层、玻璃和电镀上的斑点、指纹及涂料污迹，可以使面漆清洁干净、有光泽。

2. 黏土条(图2-11)

黏土条能快速去除表面污物,例如涂料误喷、工业沉降物、尘土、新鲜水渍、小虫残骸以及树的汁液等。在所有类型的表面上均可安全使用,例如:干净涂层和单级涂料、玻璃、金属和塑料等。

图2-10　清洁剂

图2-11　黏土条

三、抛光工具的正确使用

(一)打磨

(1)手工水磨时,只朝着一个方向进行打磨。

(2)施加均匀的压力。

(二)抛光

(1)不可使用有缺陷、肮脏或干燥的抛光盘。

(2)不要倾斜抛光机。

(3)不可将抛光机长时间的停留在一个地方,以防止划伤漆面。

要达到最佳的抛光效果(图2-12),应该注意抛光机的正确使用。如在打磨位置处的抛光点平放抛光盘,接触板件后再启动抛光机,启动抛光机后应在抛光盘2/3处轻微施加压力等。

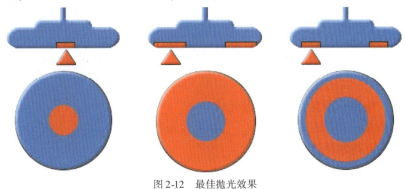

图2-12　最佳抛光效果

四、抛光中的注意事项

(1)正确佩戴安全防护用品。

（2）抛光盘接触板件后再启动抛光机。
（3）漆膜表面不得留有任何抛光蜡,否则会损伤漆膜。
（4）在打开抛光机前,将抛光盘抵住漆膜表面。
（5）抛光时必须保持抛光机移动。
（6）抛光时应经常向抛光表面喷水,以防止抛光蜡黏住抛光表面。
（7）面板边缘附近的涂层以及特征线非常薄,可以很轻易地被打磨掉。因此需用保护胶带遮蔽这些部位。
（8）抛光机抛光时应防止抛光机与电线或气管缠在一起,可将电线或气管通过肩膀置于背后。
（9）最佳抛光时间:12~15s,对黑色油漆也是如此。

图 2-13 工具整理

（10）抛光蜡不能用手直接涂抹在待抛光表面。
（11）抛光盘需完全接触到工件表面,或稍微抬起一点。
（12）完成抛光作业后,需彻底清洗抛光盘,并使其干燥。
（13）不要用毛巾等粗纤维材质,否则会在涂料表面形成细微的划痕。
（14）注意工具的整理和清洁等(图 2-13)。

习 题

一、填空题

1. 汽车油漆施涂在车身表面是一个复杂的过程,过程中会因为_____、_____ 和_____的原因,经常会导致喷涂后的漆面会出现各种涂装缺陷。

2. 已涂装油漆的车辆在使用过程中同样会因为_____、_____、_____和_____等原因导致出现一些涂装缺陷。

3. 水磨砂纸配合打磨板去除漆面缺陷,根据漆面缺陷的类型,所用到的水磨砂纸的型号也有所不同。在打磨过程中,可以在砂纸上放一点_____,以减少水磨砂纸的沙砾划伤漆膜的风险。

4. 抛光机一般分类分为_____抛光机和_____抛光机。

5. 离心式抛光机离心距离越_____,抛光效果越好。

6. 抛光机背垫越厚越软越_____。

7. 抛光蜡的组成成分包括_____、_____、_____和_____等。抛光蜡的种类可分为_____、_____和_____。

8. 常见的抛光盘有_____、_____和_____三种。

9. 抛光时应经常向抛光表面_____,以防止抛光蜡黏住抛光表面。

二、判断题
1. 抛光前不用检查漆膜是否干燥。   （   ）
2. 漆膜干燥 30min 后可进行抛光。   （   ）
3. 水磨时一定需要打磨块。   （   ）
4. 抛光前的水磨，选用的砂纸越细越好。   （   ）
5. 抛光可以解决一切缺陷。   （   ）
6. 离心式抛光机的抛光效果比旋转式抛光机的抛光效果好。（   ）
7. 抛光结束后不需要进行抛光盘清洁。   （   ）
8. 抛光过程中，抛光盘越湿润越好。   （   ）
9. 羊毛盘与细抛光蜡配合使用。   （   ）
10. 抛光过程中可随意倾斜抛光机。   （   ）

三、简答题
1. 为什么要进行漆膜干燥检查？
2. 手工水磨时应该注意什么？

项目三　抛光标准工艺流程

> **学习目标**
> 完成本项目学习后,你应能:
> 1. 正确说出抛光各工序的名称;
> 2. 正确写出抛光标准工艺流程;
> 3. 正确说出各抛光工序的操作注意事项。
>
> **建议学时**
> 2学时。

现实生活中,抛光虽然会使车漆变薄,但并不是因此就不能给车漆抛光了,抛光对修补漆来说是尤为重要的。少量的抛光是车漆能够承受的,抛光是汽车漆面护理的一种方法,主要用来除去受氧化的漆面和车身上的各种异物,消除漆面细微划痕,处理汽车漆面轻微损伤及各种斑迹。一辆使用3~4年的汽车,在经过风吹、雨打、日晒后,车漆难免暗淡无光,经过抛光可使车漆迅速焕然一新,看起来跟新车一样光鲜照人。那怎么保证抛光效果呢?对于学习者来说,掌握标准抛光流程是非常重要的。

一、抛光原理

（一）第一阶段

漆面修复部分与原始部分漆膜光泽比较,如图3-1所示。

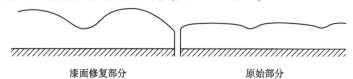

图3-1　修补漆与原厂漆比较

（二）第二阶段

漆面修复部分经打磨后,再用粗颗粒的抛光剂调整光泽,如图3-2所示。

（三）第三阶段

用细颗粒的抛光剂制造光泽,如图3-3所示。最终使漆面修复部分与原始部分光泽一致。

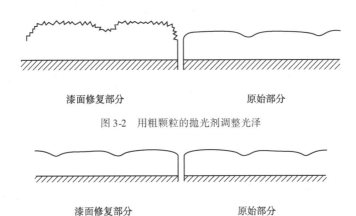

图 3-2　用粗颗粒的抛光剂调整光泽

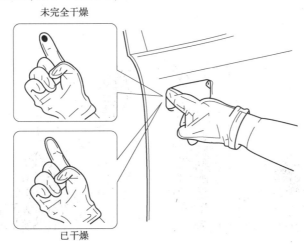

图 3-3　用细颗粒的抛光剂制造光泽

二、抛光标准工艺流程

(一) 漆膜干燥检查(图 3-4、图 3-5)

图 3-4　漆膜干燥检查

1. 影响彻底固化的因素分析
(1) 使用清漆的类型。
(2) 膜厚(1~3 层的涂层)。
(3) 烤箱温度(加温速度,双功能喷涂室)。
(4) 在烤漆房内的位置(车子裙边 40℃,车顶 60℃)。
(5) 被使用固化剂的类型(慢干、快速)。
(6) 稀释剂的类型(慢干、快速)。
(7) 柔软添加剂的使用。
(8) 完全地完成交联反应需 7 天时间。

图 3-5　漆膜干燥检查

2. 针对不同固化程度的不同工艺方法。

(1) 较差的漆膜固化。

抛光盘:使用海绵盘。

抛光蜡:使用减少研磨效果的中性抛光蜡。

旋转速度和向表面施加的压力:都小一些。

风险:边角容易抛穿。

(2) 良好固化的漆膜。

抛光轮:使用羊毛盘。

抛光蜡:可以使用具有较强研磨切削效果的粗蜡。

旋转速度:快一些。

向表面施加的压力:大一些。

(二) 清洁

板件清洁如图 3-6 所示。板件清洁后能更好地判断漆面上是否存在缺陷。

(三) 查找漆面缺陷

检查板件漆面有无如尘点和流挂等的缺陷类型,需确定板件上的缺陷能否用抛光解决,若不能用抛光解决则需重新喷涂,若可以抛光则继续下一步,同时需考虑决定采用适当的抛光方法,如图 3-7 所示。

   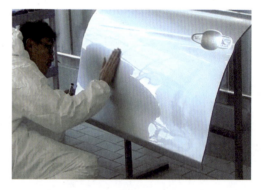

图 3-6　板件清洁　　　　　　　　　图 3-7　漆面缺陷检查

(四) 缺陷打磨

缺陷确定后,若能进行抛光,则可进行缺陷打磨,缺陷打磨方式可分为手磨和机磨两种。手磨常需用到水磨砂纸,水磨砂纸如图 3-8 所示。手磨时也可借助打磨板辅助进行缺陷打磨,如图 3-9 所示。用水磨砂纸湿磨是广泛采用的打磨方法,如漆面修复部分和原始部分的纹理不一致时,可以用 1500~2000 筛目数的砂纸打磨粗糙的纹理,使其光滑。图 3-10 为打磨机打磨。

1. 漆面缺陷打磨的注意事项

(1) 打磨砂纸在板件上放平。

(2) 配合用干净的水打磨。

(3) 在干净的环境中打磨。

纠正和抛光不理想的漆膜表面时,如流痕(流挂)可用 P800 至 P1000 的打磨材料,配合打磨块湿磨流痕处，小心打磨流痕直至表面磨平，并与周边平面水平一致。去除非理想区域、脏点和其他的小缺陷，用 P2000 至 P2500 17/16 英寸的圆形打磨材料，配合专用的打磨块湿磨(用干净的水润湿打磨材料)；去除分布面积较大的不理想区域，用 3M、P1500 号、150mm 或 76mm 直径、配合软质打磨垫的磨机。需要注意的是尽量保持表面清洁，无磨尘，因为磨尘会闭塞打磨材料表面，可能造成打磨时，在漆膜表面留下过深的磨痕。

图 3-8　水磨砂纸

图 3-9　打磨板水磨

a)正确

b)错误

图 3-10　打磨机打磨

2. 用打磨机消除小缺陷时的注意事项

(1)用圆形砂纸的打磨机。

(2)轨道直径为 2.4~3.0mm。

(3)最佳的打磨痕迹应与覆盖面重叠。

(4)精细的打磨效果。

(5)控制在需要打磨的点上。

(6)最适于使用圆形研磨材料。

如果不够理想的表面打磨区域需要再做修整，可用 150mm 或 75mm 直径、P3000 号细磨沙盘(用喷壶喷水湿润表面)水磨，以使之前的打磨痕迹尽量细微。

提示：在砂纸上放一点肥皂，以减少砂纸的沙砾堵塞。

(五)打磨效果检查

打磨效果检查如图 3-11 所示。漆面缺陷打磨后需要进行清洁，以便于进行打磨效果检查,若打磨效果满足条件,则可进行下一步。

(六)粗抛光

漆面缺陷打磨后可选择进行粗抛光,如图3-12所示。矿物抛光材料在抛光过程中起到切削打磨的作用,因此漆膜表面会变得越来越精细光亮。

图3-11 打磨效果检查

图3-12 羊毛盘抛光

粗抛光时,请勿将机器速度设定超过1200~1400r/min(2级或3级),以防面板受热过快。用橙色海绵盘或羊毛盘,使用适量的粗抛光蜡抛亮打磨过的表面缺陷区域(请勿将抛光蜡涂在车体板上,而是涂在抛光轮上)。开始抛光时,施加一定压力,然后缓慢降低压力,以实现抛光蜡的最佳抛光效果,如图3-13所示。

图3-13 漆膜表面抛光

提示:如果抛光盘是新的或干的,请用喷雾器使其略微润湿;仅用少量抛光蜡即可;密切注意表面温度;让漆膜表面自然冷却。

(七)细抛光

细抛光如图3-14所示。采用离心式抛光机进行细抛光时,进气口(空气)压力不应超过0.4MPa。新漆膜(油漆烘干后的4h内)一般就可以使用双动作抛光机(离心式抛光机,如图3-15所示)进行抛光。对于旋转式抛光机,使用适量的细蜡配合黑色泡沫海绵盘进行抛光。如果涂膜完全干燥,建议先使用旋转式预抛光,再进行最终的离心式抛光机抛光,避免漩涡纹,否则会花费更多的时间使漆膜恢复光泽。

图3-14 细抛光

提示:对于以抛亮为目的的抛光盘,如果是新的或干的,请用喷雾器使其略微润湿;仅用少量抛光剂即可;请勿将抛光剂直接涂在车身板件上,而是涂在抛光盘上。

(八)抛光后的板件清洁

在抛光过程中及完成抛光后,需要使用干净、无尘的高性能擦拭布做表面清洁,高性能擦拭布如图3-16所示。

图3-15 离心式抛光机

图3-16 高性能擦拭布

(九)抛光效果检查

在完成抛光的每个步骤后,都可在抛光过的表面上喷3M"面漆检查喷雾剂"(图3-17),然后使用高性能擦拭布擦拭。如果擦拭后出现低光泽区域,须重复上一步的抛光工作。这样可用于检查抛光效果,避免再次出现原有漆面缺陷,如图3-18所示。

(十)车身清洁

检查抛光效果后,需要进行车身清洁,如图3-19所示。车身清洁能够有效地除去残留在车身上的抛光蜡。

图3-17 面漆检查喷雾剂

图3-18 抛光效果检查

图3-19 车身清洁

注意：用去污力强的漆面清洗剂清洗整车，应避免颗粒灰尘损伤漆膜，造成新划痕。

三、抛光各工序操作注意事项

要想达到理想的漆面抛光效果，除了需要按照抛光标准工艺流程进行抛光操作以外，在每个抛光工序中都需要遵守一些相关的注意事项，否则将很难达到理想的抛光效果。

（一）抛光机抛光前

抛光前的相关注意事项有：

（1）抛光前漆膜干燥检查，在遮蔽纸上进行测试。

（2）将车窗和车门上的密封条等橡胶件用遮蔽胶带进行遮蔽，这是因为抛光蜡一旦附在上面很难清除。

（3）抛光前须确定抛光盘干净后才可进行抛光的工作。

（4）确定漆膜缺陷类型等。

（二）抛光机抛光时

抛光时的相关注意事项有：

（1）不能用手直接将抛光蜡涂抹在板件上。

（2）注意抛光效果检查和抛光机运行方向，如图3-20、图3-21所示。

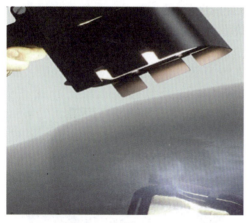
图3-20　抛光效果检查

图3-21　抛光机运行方向

（3）注意抛光机运转速度。

（4）不可将抛光机长时间的停留在一个地方，避免漆膜过热软化而被抛光蜡与抛光盘划伤。

（5）抛光时应经常向抛光表面喷水，以防止抛光蜡黏住抛光表面。

（6）抛光过程中经常用手背检查抛光漆膜温度等。

（三）抛光机抛光后

抛光后的相关注意事项有：

（1）在完成所有的抛光工序后必须清洗抛光盘并使其干燥。

（2）需遵守场地和工具设备的5S管理等。

习 题

一、填空题

1. 当漆面用手指测试仍留有_____,便不可进行打蜡、抛光。
2. 将车窗和车门上的密封条等橡胶件用遮蔽胶带进行_____,因为_____一旦附在上面很难清除。
3. 离心式抛光机离心距离越_____,抛光效果越好。
4. 抛光蜡的种类有_____、_____和_____。
5. 抛光时应经常向抛光表面_____,以防止抛光蜡黏住抛光表面。
6. 用水磨砂纸湿磨是我们广泛采用的打磨方法,如漆面修复部分和原始部分的纹理不一致时,可以用_____筛目数的砂纸打磨粗糙的纹理,使其光滑。
7. 用去污力强的漆面清洗剂清洗整车,应避免颗粒灰尘在研磨中造成_____。

二、选择题

1. 进行细抛光时应选用( )。
   A. 粗蜡　　　B. 中蜡　　　C. 细蜡
2. 进行粗抛光时,应选用( )。
   A. 黑色海绵盘　B. 羊毛盘　　C. 任何抛光盘都行
3. 缺陷打磨时,可不用穿戴( )。
   A. 防毒面罩　　B. 安全鞋　　C. 工作服
4. 抛光标准工艺流程中需要进行( )次清洁。
   A. 1　　　B. 2　　　C. 3　　　D. 4　　　E. 5
5. 采用离心式抛光机进行抛光时,进气口(空气)压力不应超过( )MPa。
   A. 0.3　　B. 0.4　　C. 0.5　　D. 0.8

三、简答题

1. 粗抛光时,选用何种类型的抛光盘和抛光蜡?
2. 细抛光时,选用何种类型的抛光盘和抛光蜡?
3. 简述抛光的标准流程。
4. 抛光机抛光前的各工序需注意哪些事项?
5. 抛光机抛光时的各工序需注意哪些事项?

项目四　尘点、橘皮、流挂型漆面缺陷

学习目标

完成本项目学习后,你应能:
1. 正确说出尘点型漆面缺陷的预防和补救措施;
2. 正确说出橘皮型漆面缺陷的预防和补救措施;
3. 正确说出流挂型漆面缺陷的预防和补救措施。

建议学时

2学时。

在汽车漆膜修补过程中,面漆常常会出现一些漆膜缺陷,影响漆膜的质量和美观,如走珠(鱼眼)、溶剂泡、砂纸痕、氧化物沉积、擦伤、轻微色差、垂流(流挂)、橘皮、颗粒、尘点、漆雾、失光等。这些缺陷是如何产生的?应该如何预防和补救?这些都是涂装工作人员所必须认识和掌握的。首先学习的是涂装过程中比较常见的尘点、橘皮和流挂型漆面缺陷。

一、尘点型漆面缺陷

尘点型漆面缺陷如图4-1所示,其是指喷漆后的面漆涂层表面有微粒凸出。

（一）形成原因

（1）车身表面在喷涂前没有经过适当的清洁,如图4-2所示。

图4-1　尘点型漆面缺陷

图4-2　较脏的板件表面

(2)空气过滤网未按要求时间更换。

(3)喷漆房气压过低。

(4)喷漆工穿着不正确、不清洁的衣服,如图4-3所示。

(5)涂料本身的洁净度不合要求。

(6)涂料变质,如颜料分散不佳或产生集聚,有机颜料析出。

(7)稀释剂不配套,未使颜料、树脂充分溶解等。

(二)预防措施

(1)喷涂前须确定已使用清洁剂清洁车身,并确定已经用黏尘布清洁车身表面。

(2)定期检查空气过滤网。

(3)穿着不带绒毛的工作服。

(4)确保喷漆房环境清洁等。

(三)补救措施

(1)清漆上尘点。可使用1000~2000筛目数砂纸结合打磨垫进行湿打磨,打磨后进行抛光处理,如图4-4所示。

图4-3 穿着不正确、不清洁的衣服　　　　图4-4 漆面抛光处理

(2)色漆上尘点。打磨整个喷涂部分,然后用除硅清洁剂加以清洁,并再次重喷。

二、橘皮型漆面缺陷

橘皮(图4-5)是评价车身面漆涂装质量的一个重要指标,也是面漆涂层最常见和难以控制的漆面缺陷之一,导致面漆涂层出现橘皮的因素也比较多。橘皮是指漆膜表面固化太快而不能流平。

(一)形成原因

(1)不正确的喷涂压力或黏度、喷涂方法或施工温度,如图4-6所示。

(2)使用的硬化剂和稀释剂不适合喷漆房的环境。

(3)底材打磨不足。

图4-5 橘皮型漆面缺陷

（4）油漆没有搅匀等。

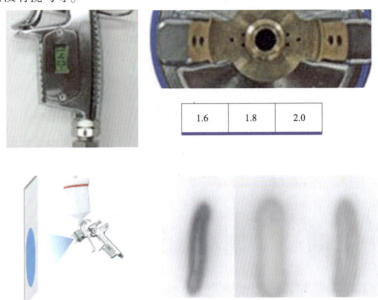

图4-6　不正确的喷枪选择及调整

（二）预防措施

（1）严格按照油漆技术资料所建议的混合和施工方法，注意油漆的混合，如图4-7所示。

（2）正确地准备和打磨底材，如图4-8所示。

图4-7　清漆搅拌

图4-8　准备和打磨底材

（3）避免在极高或极低温度和湿度下喷涂，同时应注意喷涂重叠、气压及远近距离等，如图4-9所示。

（三）补救措施

（1）严重橘皮。将表面打磨光滑，然后将适合当时环境的硬化剂、稀释剂调节妥当，再重新喷涂。

（2）轻微橘皮。使用1500~2000筛目数的水磨砂纸磨平后，再进行抛光。

三、流挂型漆面缺陷

流挂型漆面缺陷是指在喷涂时或固化期漆膜因局部油漆过多，从而导致出现的下边缘较厚或流痕的现象,如图4-10所示。在喷涂车身时,车身凸起部位和边角部位是最容易出现流挂,产生流挂的原因多种多样,而且这种缺陷往往会造成严重的质量问题,必须加以重视。

图4-9　正确的喷枪操作

(一)形成原因

(1)不正确的喷涂黏度、喷涂方法、层间的静止时间、漆膜厚度。

(2)不正确的喷嘴口径或喷涂气压。

(3)油漆、底材或喷漆房的温度过低,选用不正确的硬化剂和稀释剂。

(4)车身板件温度的不同也会影响流挂的形成。

(二)预防措施

(1)依照技术资料所建议的施工方法。

(2)选择正确的喷枪口径,确定喷枪操作良好,如图4-11所示。

图4-10　流挂型漆面缺陷

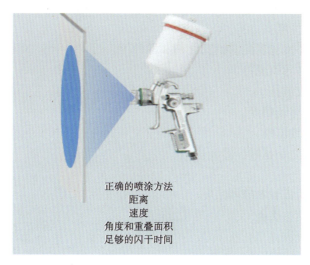

图4-11　正确的喷枪选择及喷涂

(3)根据环境温度选择合适的固化剂和稀释剂。

(4)注意喷涂重叠、气压及远近等。

(三)补救措施

(1)轻微流挂。面漆彻底硬化后,利用砂纸打磨后进行抛光。

(2)严重流挂。打磨后重新喷涂。

习　　题

一、填空题

1. 为减少尘点的产生,在喷涂时应确保烤漆房在_____状态。

2. 橘皮是评价车身面漆涂装质量的一个重要指标,也是面漆涂层最常见和难以控制的漆面缺陷之一。橘皮是指漆膜表面固化_____而不能流平。

3. 严重橘皮的处理方法是将表面打磨_____,然后将适合当时环境的_____、_____调节妥当,再重新喷涂。

4. 流挂型漆面缺陷是指在喷涂时或固化期漆膜因_____过多,从而导致出现的下边缘较厚或_____的现象。

5. 为减少橘皮的产生,应该正确地进行喷枪操作,喷枪操作的四要素是指_____、_____、_____和_____。

二、判断题

1. 尘点只包括清漆上的颗粒凸起。　　　　　　　　　　　　　　　　　(　　)

2. 所有的尘点都可以抛光解决。　　　　　　　　　　　　　　　　　　(　　)

3. 对于尘点抛光前的打磨工作,在尘点很大的情况下可以选用600号砂纸进行打磨。　　　　　　　　　　　　　　　　　　　　　　　　　　　　　　(　　)

4. 喷漆房负压时容易出现尘点。　　　　　　　　　　　　　　　　　　(　　)

5. 橘皮严重时应该选择打磨后再重新喷涂。　　　　　　　　　　　　　(　　)

6. 喷涂速度过慢,容易产生橘皮。　　　　　　　　　　　　　　　　　(　　)

7. 涂装过程中应选用与环境温度配套的固化剂和稀释剂。　　　　　　　(　　)

8. 清漆闪干时间不够容易导致流挂。　　　　　　　　　　　　　　　　(　　)

9. 喷涂距离过远容易形成流挂。　　　　　　　　　　　　　　　　　　(　　)

10. 产生流挂后应打磨后重新喷涂。　　　　　　　　　　　　　　　　　(　　)

11. 喷涂黏度过高容易导致流挂。　　　　　　　　　　　　　　　　　　(　　)

12. 喷漆房过滤网的作用之一是减少漆面尘点。　　　　　　　　　　　　(　　)

三、简答题

1. 产生尘点的原因和预防措施有哪些?

2. 为了避免产生橘皮应该怎么做?

3. 流挂的产生原因和补救措施是什么?

4. 喷涂前,为什么需要用纸漏斗进行油漆过滤?

5. 待喷涂的板件若有底材打磨不足的情况,为什么容易导致漆膜橘皮缺陷的产生?

项目五　色差、针孔、银粉发花型漆面缺陷

学习目标

完成本项目学习后,你应能:
1. 正确说出色差型漆面缺陷的预防和补救措施;
2. 正确说出针孔型漆面缺陷的预防和补救措施;
3. 正确说出银粉发花型漆面缺陷的预防和补救措施。

建议学时

2学时。

我们经常会在很多的场合见到有的车辆车身颜色有偏差,有的是翼子板与门板间存在颜色偏差,有的是保险杠与前盖间存在颜色偏差。那为什么会产生这样的颜色偏差?这些颜色偏差能通过什么方法来解决?在涂装修补过程中,有时也会遇到板件出现针孔和同一辆车的银粉漆有的区域要比其他区域偏暗或偏亮的现象。这些相关知识都是我们所需要学习的。

一、色差型漆面缺陷

色差(图5-1、图5-2)是指颜色偏差,在漆面缺陷上特指修补漆与原有漆面颜色不相符。

图5-1　色差(一)

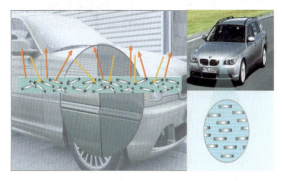

图5-2　色差(二)

(一)形成原因

(1)喷涂方法不正确,太湿、太干或遮盖力不足,漆面喷涂如图5-3所示。

（2）不正确的喷枪口径和喷涂压力。

（3）原有漆面老化。旧涂层受环境、使用时间影响导致车身涂层老化，最终导致新旧涂层看上去颜色存在差异。

（4）调色不准确，如图5-4所示。

图5-3　漆面喷涂

图5-4　存在颜色差异的色板

（5）漆面抛光处理。抛光处理可能导致新漆膜表面纹理与原产漆表面纹理不相同，使得漆面颜色看上去有一些色差。

(二) 预防措施

（1）喷涂前在色板上试验，确保配色准确，如图5-5所示。

（2）自然光源受影响时，使用配色灯箱进行调色，配色灯箱如图5-6所示。

图5-5　颜色比较

图5-6　配色灯箱

（3）注意喷涂气压、距离、重叠面积等。

（4）喷涂时采用颜色过渡工艺等预防措施。

(三) 补救措施

（1）重新调色。

（2）采用颜色过渡工艺喷涂。

二、针孔型漆面缺陷

漆面缺陷中的针孔（图5-7）是指漆膜表面出现针刺状小孔，深及中间漆，也称砂眼。

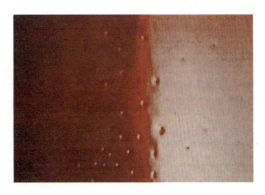

图 5-7　针孔

(一) 形成原因

(1) 聚酯填充料(原子灰)一次刮涂太厚,如图 5-8 所示。

图 5-8　原子灰刮涂太厚导致针孔

(2) 聚酯填充料(原子灰)混合不足。

(3) 玻璃纤维的底材导致的针孔:玻璃纤维是一种性能优异的无机非金属材料,种类繁多,优点是绝缘性好、耐热性强、抗腐蚀性好、机械强度高,但缺点是性脆,耐磨性较差,它是以玻璃球或废旧玻璃为原料,经高温熔制、拉丝、络纱、织布等工艺制造成的,其单丝的直径为几 μm 到二十几 μm,相当于一根头发丝直径的 1/20 ~ 1/5 ,每束纤维原丝都由数百根甚至上千根单丝组成,玻璃纤维通常用作复合材料中的增强材料、电绝缘材料和绝热保温材料、电路基板等。

(4) 经打磨的表面仍留有溶剂泡等。

(二) 预防措施

(1) 彻底混合聚酯填充料(原子灰)。

(2) 原子灰薄刮多层。

(3) 填充足够的聚酯填充料(原子灰)。

(4) 认真进行喷涂中涂漆前检查工作等。

(三) 补救措施

(1) 清除有毛病的面漆。

(2) 打磨后刮涂聚酯填充料(原子灰)。

(3) 喷涂上底漆后重新喷涂面漆,如图 5-9 所示。

三、银粉发花型漆面缺陷

银粉发花型漆面缺陷(图 5-10)是指银粉漆出现深浅不一样的现象,也称聚银。

图5-9　打磨后重新喷涂

(一) 形成原因

(1) 不正确的喷漆黏度、喷涂方法、静止时间或喷房温度。

(2) 不正确的喷枪喷嘴(口径),喷涂压力不正确,如图5-11所示。

图5-10　银粉发花　　　　　　　图5-11　喷涂压力太小

(3) 不合适的稀释剂等。

(二) 预防措施

(1) 利用黏度杯和调漆尺准确地调整喷涂黏度。

(2) 喷涂时注意喷涂角度和喷涂距离。

(3) 选用合适的喷枪与喷嘴(口径)。

(4) 选用汽车制造商推荐的稀释剂。

(5) 根据环境温度选用合适的稀释剂。

(6) 依照制造商提供的技术资料进行施工等。

(三) 补救措施

(1) 在清漆干燥后进行打磨并重新喷涂面漆。

(2) 建议喷涂清漆前,先薄喷一层色漆效果层,如图5-12所示。

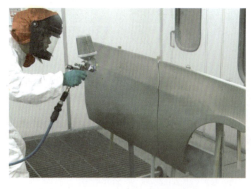

图5-12　薄喷一层色漆效果层

习　题

一、填空题

1. 色差型漆面缺陷是指颜色_____，修补漆与_____漆面颜色不相符。
2. 喷涂时，油漆太_____或太_____都容易导致色差。
3. 针孔是指漆膜表面出现_____，深及_____。针孔也称_____。
4. 玻璃纤维底材如果处理不当，则容易产生_____缺陷。
5. 银粉发花型漆面缺陷是指_____漆出现深浅不一样的现象，银粉发花也称_____。
6. 旧涂层受_____、_____影响导致车身涂层老化，最终导致新旧涂层看上去颜色存在差异。

二、判断题

1. 色差仅由调色不准确引起。　　　　　　　　　　　　　　　　　　（　　）
2. 色差是指颜色偏差，可以理解为修补漆与原有漆面颜色不一致。　　（　　）
3. 调色很难调出与原厂漆百分之百一样的颜色。　　　　　　　　　　（　　）
4. 为了减少色差，可以采用颜色过渡工艺。　　　　　　　　　　　　（　　）
5. 玻璃纤维底材不容易产生针孔。　　　　　　　　　　　　　　　　（　　）
6. 漆面出现针孔时可以抛光解决。　　　　　　　　　　　　　　　　（　　）
7. 原子灰薄刮多层可以减少针孔的出现。　　　　　　　　　　　　　（　　）
8. 不正确的喷枪喷嘴口径大小不是银粉发花的原因。　　　　　　　　（　　）
9. 素色漆产生银粉发花时，应该打磨后重新喷涂。　　　　　　　　　（　　）
10. 稀释剂不合适是导致银粉发花的重要原因之一。　　　　　　　　（　　）

三、简答题

1. 原子灰刮涂时，为什么要求薄刮多层？
2. 漆面抛光处理为什么有时会导致轻微色差的出现？
3. 预防漆面出现色差的方法有哪些？
4. 预防修补漆出现针孔的措施有哪些？
5. 若板件面漆喷涂后才发现板件上的针孔缺陷，那应该怎么处理板件上的针孔缺陷？
6. 导致银粉漆喷涂时银粉发花的原因有哪些？应该怎么预防银粉发花缺陷的产生？

项目六　砂纸痕、走珠、痱子型漆面缺陷

学习目标

完成本项目学习后,你应能:
1. 正确说出砂纸痕型漆面缺陷的预防和补救措施;
2. 正确说出走珠型漆面缺陷的预防和补救措施;
3. 正确说出痱子型漆面缺陷的预防和补救措施。

建议学时

2学时。

在修复漆面时,有时会在清漆干燥后发现清漆下有一条一条的砂纸打磨痕迹,而这些痕迹是在面漆喷涂前没有发现的。同时在操作不当时,有时漆面上也会出现像火山口一样的点和一些凸起的点,这些缺陷是怎么产生的?怎么预防和补救?这些都是我们需要学习的。

一、砂纸痕漆面缺陷

砂纸痕漆面缺陷如图6-1所示,其是指涂层表面显现出砂纸打磨的痕迹。

（一）形成原因

（1）砂纸过于粗糙而造成的沟痕和划痕透过面漆显现出来。

（2）中涂漆在打磨前没有干透或是过于柔软,中涂漆打磨如图6-2所示。

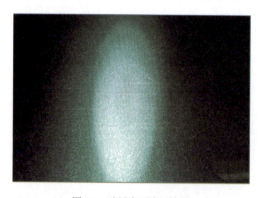

图6-1　砂纸痕型漆面缺陷

图6-2　中涂漆打磨

(3)面漆喷涂前,打底或隔绝工作不足等。

(二)预防措施

(1)选择正确的砂纸型号,如图6-3所示。

(2)打磨前底漆要彻底干燥。

(3)根据施工要求添加配套固化剂和稀释剂。

(4)使用原厂认证的双组分原子灰。

(5)原子灰表面必须喷涂双组分中涂漆等。

(三)补救措施

清漆下出现砂纸痕时,应将受影响区域彻底打磨,然后重新喷涂,如图6-4所示。

图6-3 打磨前选择正确的砂纸型号

图6-4 板件打磨及面漆喷涂

二、走珠型漆面缺陷

走珠(图6-5)是指新喷涂的漆面出现边缘凸起的凹陷点,也称缩孔、鱼眼、缩珠。

(一)形成原因

(1)车身表面在喷涂前受到油、蜡或有机硅的污染,烤漆房污染如图6-6所示。

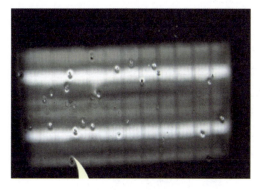 

图6-5 走珠型漆面缺陷　　　　　　　图6-6 烤漆房污染

(2)喷涂时气管中的空气受到污染。

(3)清洁不足等。

(二)预防措施

(1)车身修复前使用表面清洁剂进行除油除蜡。
(2)喷涂时添加鱼眼防止剂。
(3)定期维修进气管上的油水分离器,油水分离器如图6-7所示。
(4)喷涂时注意所有相关清洁要求等。

(三)补救措施

(1)严重走珠。打磨后重新喷涂面漆。
(2)轻微走珠。使用1500~2000筛目数的水磨砂纸磨平后,进行抛光。

三、痱子型漆面缺陷

痱子型漆面缺陷是指漆面呈现出小泡和泡痕的现象,也称溶剂泡,如图6-8所示。痱子主要是溶剂空气藏在漆膜内,其后逸出留下的泡痕。

图6-7 油水分离器

图6-8 痱子型漆面缺陷

(一)形成原因

(1)漆膜喷涂过厚,使用太快干在硬化剂或稀释剂。
(2)喷枪喷嘴(口径)或喷涂黏度或喷涂气压不正确。
(3)加温干燥前静止时间不足或烤漆房气流不足等,烤漆房进排气示意图如图6-9所示。

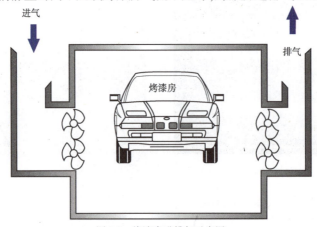

图6-9 烤漆房进排气示意图

(二)预防措施
(1)使用正确的喷涂黏度、喷涂气压、喷嘴口径,如图6-10所示。

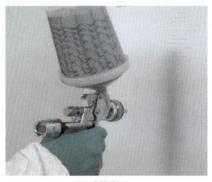
喷枪类型

喷涂黏度

喷涂气压

喷嘴口径

图6-10 喷枪的选择与调整

(2)使用适当的硬化剂和稀释剂。
(3)升温烘烤前给予足够静止时间,定时检查烤房内的气压和湿度等。
(三)补救措施
烘干后打磨,在受影响的范围重新喷涂中间漆,打磨后再喷面漆,如图6-11所示。

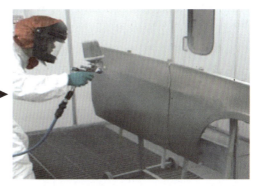

图6-11 板件打磨及面漆喷涂

习 题

一、填空题

1. 砂纸痕是指涂层表面显现出_____的痕迹。
2. 走珠是指新喷涂的漆面出现边缘凸起的_____,也称缩孔、_____、_____。
3. 原子灰打磨时若使用的打磨砂纸太粗,则很可能导致在面漆上显现出_____的缺陷。
4. 中涂漆没有干透就_____,很容易导致砂纸痕的缺陷。
5. 车身表面在喷涂前受到油、_____或_____的污染时,若清洁不干净,则容易导致走珠缺陷。
6. 修补漆升温烘烤前给予足够_____时间,定时检查烤房内的气压和湿度能够很好地避免痱子缺陷的产生。

二、判断题

1. 砂纸痕可以抛光解决。( )
2. 打磨时,选择过于粗糙的砂纸容易造成砂纸痕。( )
3. 中涂漆没有完全干燥前,不可以进行打磨。( )
4. 为了减少砂纸痕,应该采用原厂认证的双组分原子灰。( )
5. 中涂漆能遮盖 P180 机磨砂纸的打磨痕迹。( )
6. 使用 P120 砂纸打磨原子灰后可进行中涂漆喷涂。( )
7. 走珠是指新喷涂的漆面出现边缘凸起的凹陷点。( )
8. 走珠主要是因为砂纸选用不正确导致的。( )
9. 漆面受到油、蜡、有机硅等物质的污染容易导致走珠。( )
10. 走珠现象不能通过抛光解决。( )
11. 清漆喷涂完成后,没有足够的闪干时就进行升温烘烤容易引起痱子。( )
12. 使用慢干的固化剂容易导致痱子。( )

三、简答题

1. 产生砂纸痕的原因和预防措施有哪些?
2. 走珠的产生原因和预防措施是什么?
3. 痱子的产生原因和预防措施是什么?

项目七　原子灰印、透底、起皱型漆面缺陷

学习目标

完成本项目学习后,你应能:
1. 正确说出原子灰印型漆面缺陷的预防和补救措施;
2. 正确说出透底型漆面缺陷的预防和补救措施;
3. 正确说出起皱型漆面缺陷的预防和补救措施。

建议学时

2 学时。

在涂装实操练习过程中,有时因为原子灰刮涂和打磨技能原因,在面漆干燥后,会看到刮涂原子灰进行修补的部位出现原子灰的印迹,为了达到理想的涂装修补效果,这种情况下就必须重新进行打磨和喷涂。如果是在维修企业出现这样的情况就只能返工重新喷涂,无疑会增加很多的材料成本和时间成本。另外有时在喷涂后也会出现透底和起皱的缺陷,起皱一般常出现在塑料底材的板件上。原子灰印、透底、起皱缺陷该如何预防?如何进行补救?这些知识对涂装工作人员来说也是非常重要的。

一、原子灰印型漆面缺陷

原子灰印型漆面缺陷(图 7-1)是指面漆上显现出原子灰的填充痕迹。

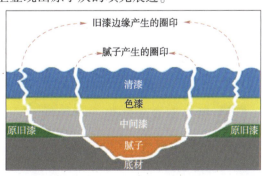

图 7-1　原子灰印型漆面缺陷

(一)形成原因

(1)使用不合适的稀释剂。

(2)打磨砂纸太粗。

(3)底漆层没有完全干燥。

(4)使用单组分的原子灰和单组分的中间漆,如图7-2所示。

(5)喷涂面漆前,底材封闭不足等。

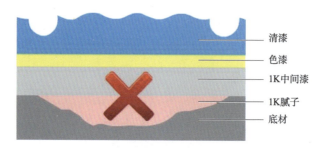

图7-2 原子灰和中间漆都是单组分的涂层结构

(二)预防措施

(1)打磨修补部分进行溶剂试验。

(2)根据施工温度选择配套的稀释剂。

(3)各涂层必须完全干燥。

(4)使用认证的双组分原子灰,如图7-3所示。

图7-3 厂家认证的双组分原子灰

(5)使用合适的砂纸进行打磨。

(6)原子灰表面需要喷涂双组分中间漆等。

(三)补救措施

将受影响区域彻底干燥后,进行打磨刮涂原子灰,然后重新喷涂。

二、透底型漆面缺陷

透底(图7-4)是指面漆遮盖不足,可以看见底材颜色。

(一)形成原因

(1)色漆喷涂时未完全遮盖底材。

(2)配方中选择了遮盖力差的色母作为主色。

(3) 色漆喷涂黏度过低。
(4) 色漆每道之间的闪干时间不足。
(5) 色漆厚度不够等。

(二) 预防措施

(1) 喷涂时必须完全遮盖底材。
(2) 按产品要求调节涂料的施工黏度。
(3) 选择遮盖力较强的色母配方,如图 7-5 所示。

图 7-4　透底型漆面缺陷

图 7-5　色母配方的确定

(4) 色漆层间预留足够的闪干时间,色漆喷涂如图 7-6 所示。

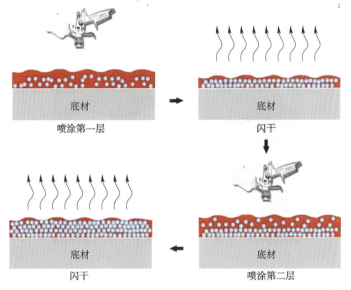

图 7-6　色漆喷涂

(三) 补救措施

打磨后重新喷涂面漆。

三、起皱型漆面缺陷

起皱型漆面缺陷是指新喷涂的油漆在喷涂过程中或喷涂后,涂层表面起皱纹或干枯皱缩的现象,如图 7-7 所示。

(一)形成原因

(1)原车漆使用了非配套产品,新漆中的溶剂攻击旧漆产生咬底的现象,如图7-8所示。

(2)面漆前的底材涂层没有完全硬化,以致新漆中的溶剂发生反应。

(3)面漆使用了非配套的稀释剂。

(4)面漆层喷涂太厚,而且没有完全干燥。

图7-7 起皱型漆面缺陷

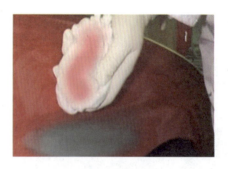
图7-8 溶剂测试

(二)预防措施

(1)必须使用原厂认证的产品体系,产品使用时配套使用硬化剂和稀释剂。

(2)确定所有涂层在进行下一工序前已经完全干燥。

(3)在进行维修前先进行溶剂测试,如底材起皱则必须将问题涂层完全清除。

(4)面漆喷涂时不要喷涂过厚。

(三)补救措施

烘干后清除受影响部位的涂层,按标准工艺重新进行漆面修复,如图7-9所示。

图7-9 漆面修复工艺

习 题

一、填空题

1.原子灰印型漆面缺陷是指面漆上显现出原子灰的_____痕迹。

2.导致形成原子灰印缺陷的原因有很多,如使用了不合适的稀释剂、打磨砂纸太_____、底漆层没有完全_____、使用_____的原子灰和_____的中间漆等。

3.根据施工温度选择配套的稀释剂,使用认证的_____原子灰、原子灰表面喷涂_____中间漆等都是能很好地预防措施原子灰印缺陷的重要措施。

4.透底是指面漆遮盖不足,可以看见_____颜色。

5.色漆喷涂时未完全_____底材、配方中选择了遮盖力_____的色母作为主色、色漆喷涂黏度过_____、色漆每道之间的_____不够和色漆厚度不够等原因都可能导致出现透底缺陷。

6.起皱型漆面缺陷是指新喷涂的油漆在喷涂过程中或喷涂后,涂层表面起_____或干枯皱缩的现象。

二、选择题

1.漆膜修补部分进行溶剂试验能减少原子灰印的产生。(　　)
　　A.正确　　　　　　B.不正确

2.溶剂试验时,若漆膜掉色,则说明旧涂层喷涂的是(　　)油漆。
　　A.单组分　　　　　B.双组分

3.面漆喷涂时,为了预防透底的产生,可以选择的喷枪口径为(　　)mm。
　　A.2.0　　　　B.1.3　　　　C.1.6　　　　D.1.8

三、简答题

1.产生原子灰印的原因和预防措施有哪些？

2.透底的产生原因和预防措施是什么？

3.起皱的产生原因和预防措施是什么？

4.原子灰印、透底和起皱缺陷的补救措施分别是什么？

项目八　渗色、原子灰剥落、失光褪色型漆面缺陷

学习目标

完成本项目学习后,你应能:
1. 正确说出渗色型漆面缺陷的预防和补救措施;
2. 正确说出原子灰剥落型漆面缺陷的预防和补救措施;
3. 正确说出失光褪色型漆面缺陷的预防和补救措施。

建议学时

2学时。

喷涂实操过程中,渗色、原子灰剥落和失光褪色等缺陷都是我们有可能会遇到的典型涂装缺陷。失光可以通过抛光的方法解决,但是渗色、原子灰剥落却需要重新喷涂才能解决。因此了解这几个缺陷的产生原因和预防措施对涂装工作人员来说是非常有必要的。

一、渗色型漆面缺陷

渗色型漆面缺陷(图8-1)是指底层旧漆的颜色渗透到新修补的漆面,导致该区域的面漆变色。

图8-1　渗色型漆面缺陷

(一)形成原因

(1)原漆的颜料与修补漆的稀释剂发生反应并溶解。
(2)有可溶染料或颜料在旧漆上。
(3)旧漆没有很好的封闭。
(4)原子灰使用了过多的硬化剂等,如图8-2所示。

(二)预防措施

(1)喷涂前检查底材所用的涂料类型。
(2)使用厂家认证的双组分原子灰,如

图8-3所示,并按要求添加适量的硬化剂。

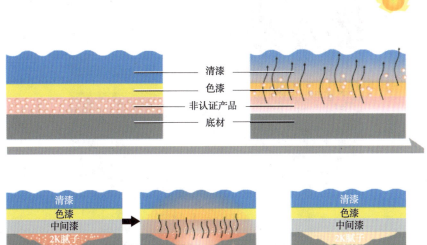

图8-2 过多的原子灰硬化剂导致的渗色

(三)补救措施

打磨清除渗色区域,封闭隔绝原漆后重新喷涂,如图8-4所示。

图8-3 双组分原子灰和硬化剂

图8-4 封闭隔绝原漆后重新喷涂

二、原子灰剥落型漆面缺陷

原子灰剥落(图8-5)是指刮涂的原子灰成块地剥落。

(一)形成原因

(1)底材处理时清洁不足。

(2)刮涂原子灰前底材未经打磨,如图8-6所示。

(3)使用了劣质的原子灰,如图8-7所示。

图 8-5　原子灰剥落型漆面缺陷

图 8-6　未经打磨处理的底材

图 8-7　劣质的原子灰

(4) 不正确地使用红外线烤灯等,如图 8-8 所示。

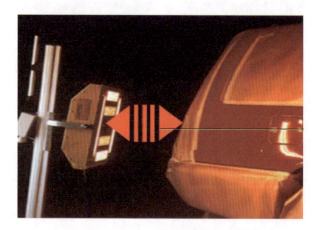

图 8-8　红外线烤灯的不正确使用

(二)预防措施

(1)底材必须经过彻底清洁和打磨。

(2)选择适合底材旧漆类型的原子灰和底漆,如图8-9所示。

(3)使用红外线烤灯烘烤原子灰时须按制造商的要求,注意温度和距离。

图8-9 原子灰的选用

(三)补救措施

清除原子灰剥落区域后重新进行漆面修复,如图8-10所示。

图8-10 漆面损伤修复处理

三、失光褪色型漆面缺陷

失光褪色型漆面缺陷是指汽车在使用中,漆面颜色逐渐变浅,失去原有的光泽,这便是漆面失光褪色,如图8-11所示。修补漆中的失光主要是指喷涂的涂层表面在干燥后失去光泽。

(一)形成原因

(1)面漆下的涂层有较多针孔。

(2)底漆层未完全干燥就喷涂面漆。

(3)使用了非厂家认证的产品,面漆产品质量太差。

图8-11 失光褪色型漆面缺陷

(4)添加了过量的稀释剂或使用了不合适的稀释剂。
(5)漆面被长时间暴晒等,如图 8-12 所示。

(二)预防措施

(1)使用原厂认证的双组分中涂漆和清漆。
(2)底漆层必须完全干燥后才可以喷涂面漆。
(3)根据温度要求选择配套的稀释剂等,如图 8-13 所示。

图 8-12　漆面长时间暴晒

图 8-13　硬化剂及稀释剂温度应用范围参考

(三)补救措施

(1)失光。使用抛光打蜡的方法恢复光泽,如图 8-14 所示。
(2)褪色。必须打磨后重新喷涂面漆。

图 8-14　漆面抛光处理

习　题

一、填空题

1.渗色型漆面缺陷是指_____的颜色渗透到新修补的漆面,导致该区域的面漆_____。

2.导致形成渗色缺陷的原因有很多,如原漆的颜料与修补漆的_____发生反应并溶解,旧漆没有很好的_____,原子灰使用了过多的_____等。

3. 喷涂前检查底材所用的_____类型,使用厂家认证的双组分原子灰并按要求添加适量的_____等措施都是能很好地预防渗色缺陷的措施。

4. 原子灰剥落是指刮涂的原子灰成块地_____。

二、选择题

1. 溶剂试验时,若漆膜不掉色,则说明旧涂层喷涂的是(　　)油漆。
   A. 单组分　　　　　B. 双组分

2. 为了预防原子灰剥落的产生,红外线烤灯与板件的距离应该为(　　)cm。
   A. 10～20　　　B. 40～60　　　C. 80～100　　　D. 130～150

三、判断题

1. 渗色的主要原因是原子灰固化剂添加太多。　　　　　　　　　　　　(　　)
2. 底材涂料类型可用抛光打蜡的方法鉴别。　　　　　　　　　　　　　(　　)
3. 旧漆封闭不足很可能造成漆面渗色。　　　　　　　　　　　　　　　(　　)
4. 漆面渗色可在漆面重新喷涂清漆进行遮盖。　　　　　　　　　　　　(　　)
5. 使用红外线烤灯烘干原子灰时须按原子灰制造商的指示,注意烘烤温度和烘烤距离。
　　　　　　　　　　　　　　　　　　　　　　　　　　　　　　　　(　　)
6. 劣质原子灰是造成原子灰剥落的一个重要原因。　　　　　　　　　　(　　)
7. 漆面长时间暴晒会造成漆面失光。　　　　　　　　　　　　　　　　(　　)
8. 使用过量的稀释剂可能导致漆膜光泽度不够。　　　　　　　　　　　(　　)

四、简答题

1. 产生渗色的原因和预防措施有哪些?
2. 原子灰剥落的产生原因和预防措施是什么?
3. 漆面失光褪色的产生原因和预防措施是什么?
4. 渗色、原子灰剥落和失光褪色缺陷的补救措施分别是什么?

项目九　影响抛光效果的因素

学习目标

完成本项目学习后,你应能:
1. 说出影响抛光效果的相关因素;
2. 正确说出抛光能解决的漆膜缺陷类型;
3. 说出抛光不当容易导致的漆膜缺陷类型;
4. 说出手工抛光时的相关注意事项。

建议学时

2学时。

在抛光过程中,抛光效果常常会先受到诸多因素的影响,如抛光机与抛光蜡的选用、抛光技巧、打磨砂纸选用等。了解影响抛光效果的因素能有利于减少抛光缺陷的产生。对于前些项目中所涉及的漆面缺陷是否能抛光解决呢？认识和了解抛光的相关理论知识,能够让实操人员在实操时对漆面缺陷能更好地提出缺陷的解决方案。

一、影响抛光效果的因素分析

(一) 打磨方面

打磨缺陷时,选用手工打磨或机磨的方法导致打磨的效果不一致,进而影响最终的抛光效果。手工打磨缺陷如图9-1所示,打磨机打磨缺陷如图9-2所示。

图9-1　手工打磨

图9-2　打磨机打磨

(二)打磨砂纸的选用

常用的抛光水磨砂纸有800#、1000#、1200#、1500#、2000#、3000#等,如图9-3所示。打磨不同的缺陷时,选用不同型号的砂纸是非常有必要的。

(三)抛光机的选用

抛光机包含电动及气动两类,根据不同的需求,抛光机的种类也有多种。抛光机一般可分为旋转式抛光机和离心式抛光机两种。粗抛光、细抛光时根据需要选用不同的抛光机,会达到不一样的抛光效果。

旋转式抛光机如图9-4所示,其能产生高旋转速度,能够快速除去打磨痕迹。

离心式抛光机如图9-5所示,其能够减少产生抛光痕迹的风险,能缓慢除去打磨痕迹。离心式抛光机的离心距离越大,抛光效果越好。

图9-3 打磨砂纸

图9-4 旋转式抛光机

图9-5 离心式抛光机

(四)抛光蜡的选用

抛光意味着精细打磨。抛光蜡如图9-6所示。抛光蜡的成分包括摩擦粒子、溶剂、水、添加剂等。抛光蜡的分类一般可分为粗蜡、中蜡和细蜡三种。在粗抛时选用粗蜡、在细抛时选用细蜡能获得更好的漆面抛光效果。

图9-6 抛光蜡

1. 粗蜡

粗蜡能够轻松清除1200～1500号砂纸划痕,与羊毛盘一起使用易于清洁,不留下涡状痕迹,适用于所有面漆涂层表面。

2. 中蜡

中蜡是一种设计去除严重化合物漩涡、轻度氧化与轻度砂纸痕迹的侵蚀性、耐久切削平整釉料。不含蜡或硅酮,清洗快速容易,与细海绵盘一起使用。

3. 细蜡

细蜡与黑色海绵盘一起使用。它是一种光滑切削平整釉料,设计用于去除化合物薄雾,轻度划痕以及漩涡痕迹,用于深色涂料效果更好,不含蜡或硅酮,能快速清洗。

(五)抛光盘的选用

抛光盘(图9-7)一般可分为羊毛盘、橙色或黄色海绵盘和黑色海绵盘。选择抛光盘应该按照抛光工艺、抛光技术、油漆硬度和油漆状况四个方面去选择,所以抛光盘的选用对抛光效果的影响也是非常大的。

羊毛盘优点:能够快速清除车身表面的砂纸痕及微小划痕。

海绵盘优点:抛光时工件不会过热、施工不会对漆膜有很大的损害。

图9-7 抛光盘

值得注意的是在抛光结束后,抛光盘需要及时清洁,海绵盘用水清洁,羊毛盘用肥皂水清洁。

(六)抛光机背垫

抛光机背垫,如图9-8所示,其一般越厚越软越好。为了达到很好的漆面抛光效果,应该选用足够厚并且足够软的抛光机背垫。

图9-8 抛光机背垫

(七)员工实操水平

员工实操水平对抛光效果的影响也是非常大的。一般情况下,员工的实操水平越高,越能减少抛光时出现抛穿或留有打磨痕迹等情况的出现概率。图9-9所示为涂装人员抛光实操。

(八)抛光相关专业知识

要想漆面达到一个理想的抛光效果,涂装工作人员须了解并熟悉漆面抛光的相关专业知识。对专业知识的认知,能在抛光过程中出现问题时有解决问题的理论支撑,也能更好地预防因抛光不当导致的漆膜缺陷。

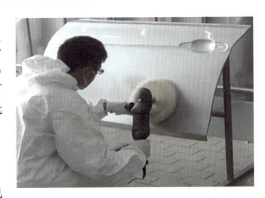

图9-9 涂装人员抛光实操

二、抛光能解决的漆膜缺陷分析

一般来说,抛光能解决在清漆上(未伤到色漆)的大部分的漆面缺陷,如清漆上尘点、轻微橘皮、轻微流挂、抛光打磨砂纸痕、轻微走珠、因漆面老化导致的失光、抛光痕、未伤到色漆层的轻微擦伤、漆雾等漆膜缺陷。但只要是清漆下的漆面缺陷就只有利用重新喷涂的方法来解决。

三、抛光不当容易导致的漆膜缺陷

抛光是漆面缺陷处理的一个环节,是个技术活,处理不当会抛穿漆面,对车漆造成无法复原的损伤。若技术不到位,可能未处理好漆面的划痕,抛不出漆面光泽,这都大大影响漆膜的最终效果。具体来说,抛光不当可能会造成如砂纸打磨痕迹、抛光过度、雾面、抛光痕迹、漆面磨穿等缺陷。

下面简单介绍一下抛光时容易出现的抛光痕,如图9-10所示。抛光痕的定义、产生原因、预防方法及补救措施见表9-1。

图9-10 抛光痕缺陷

抛光痕缺陷介绍 表 9-1

缺陷类型	定义	缺陷的产生原因	缺陷的预防方法	缺陷的补救办法
抛光痕	不同大小的抛光圆印，特征为光泽减退，或是抛光不足时漆面留下的印迹	（1）在面漆未干透前抛光，使用的砂纸或抛光蜡性质太粗。（2）漆面抛光不足，以致抛光时留下较粗的蜡痕	（1）抛光前检查面漆是否完全干透。（2）使用制造商建议用于特定面漆的抛光蜡和抛光设备。（3）抛光有凸起部分的漆面时要小心	（1）确定面漆已经干透后再抛光。（2）如受影响部分仍明显地显现蜡痕，须打磨后重新喷涂

四、手工抛光相关注意事项

（1）选用油性细抛光剂、纤维毛巾。
（2）车漆表面要求洁净，无灰尘、沥青等，毛巾干净无杂质。
（3）放适量的抛光蜡在车漆上，将毛巾折好，开始操作。
（4）手工抛光时应打小圈，力度在每一圈的一个点用力，其他点轻擦。
（5）注意感觉摩擦阻力明显增大，没抛光剂时立即停止抛光，以免划伤漆面。
（6）手工抛光对抛光剂要求高，手感和经验也很重要。
（7）注意边角、棱角不要用力抛，因为这些地方漆膜较薄。

习　题

一、选择题

1. 进行粗抛光时，应选用（　　）。
   A. 黑色海绵盘　　　　B. 羊毛盘　　　　C. 任何抛光盘都行
2. 进行细抛光时应选用（　　）。
   A. 粗蜡　　　　　　　B. 中蜡　　　　　C. 细蜡
3. 缺陷打磨时刻不用穿戴（　　）。
   A. 防毒面罩　　　　　B. 安全鞋　　　　C. 工作服
4. 抛光能解决的漆面缺陷有（　　）。
   A. 轻微橘皮　　　　　B. 抛光痕　　　　C. 清漆上的尘点
5. 抛光不当可能会造成（　　）缺陷。
   A. 抛光痕　　　　　　B. 打磨痕迹　　　C. 漆面磨穿
6. 抛光痕的补救方法是（　　）。
   A. 漆面干燥后继续抛光处理，如有必要，则重新喷涂
   B. 打磨后重新喷涂

二、判断题

1. 任何位置的尘点都可以用抛光机进行抛光解决。　　　　　　　　　　　　　　（　　）

2. 抛光次数的多少对漆膜厚度没有影响。（　）
3. 不同抛光阶段选用不同的清洁方法。（　）
4. 抛光时只需要选用细抛光蜡就可以解决所有缺陷。（　）
5. 抛光过程中洒水的目的是为了使抛光速度更快。（　）
6. 边角、棱角不要用力抛，因为这些地方漆膜较薄。（　）
7. 抛光前的尘点打磨，可选用 400 号砂纸。（　）
8. 抛光前的缺陷打磨必须用手工打磨。（　）

三、简答题

1. 什么是抛光痕？
2. 影响抛光效果的因素有哪些？
3. 进行手工抛光处理时有哪些注意事项？

项目十　油漆调色安全防护

学习目标

完成本项目学习后,你应能:
1. 熟知学习场所灭火器摆放位置,能按正确方法使用灭火器;
2. 准确识别油漆调色设备器材并熟知其使用注意事项;
3. 简述涂料安全管理事项;
4. 准确识别个人安全防护用品并能指明其防护部位。

建议学时

2学时。

一、灭火器及其使用

(一) 灭火器结构外形

普通灭火器如图 10-1 所示。

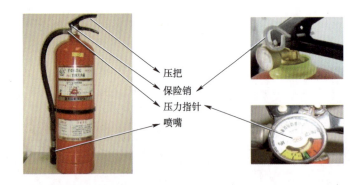

图 10-1　灭火器结构

(二) 灭火器种类

常见灭火器分为泡沫灭火器、二氧化碳灭火器、干粉灭火器等类型,如图 10-2～图 10-4 所示。

项目十　油漆调色安全防护

图 10-2　泡沫灭火器　　图 10-3　二氧化碳灭火器　　图 10-4　干粉灭火器

(三)灭火器使用

灭火器是日常生活学习及油漆调色场不可缺少的应急灭火装置,使用方法可总结为提、拔、瞄、压四个关键步骤。

1.提

使用时,右手握住压把,左手托住灭火器底部,从灭火器支架上取下灭火器,如图 10-5 所示。右手提着灭火器前往现场,如图 10-6 所示。

2.拔

(1)拆下铅封,如图 10-7 所示。

(2)拆下保险销,如图 10-8 所示。

图 10-5　取出灭火器　　图 10-6　提起灭火器　　图 10-7　拆下铅封　　10-8　拆下保险销

3.瞄

右手托住筒耳,左手握着喷管,站在离火源 3m 的地方瞄准火源根部。

4.压

右手托住筒耳,左手抓住筒边缘,把喷嘴朝向燃烧区,站在离火源 3m 的地方喷射,围着火焰喷射,直到把火扑灭,如图 10-9 所示。

二、油漆调色设备的使用安全

(一)调漆架(色母放置架)

1.设备运行原理

调漆架通过电动机链条带动,使得油漆罐上面浆盖搅拌器顺时针搅拌,均匀搅拌油漆,如图 10-10 所示。

图 10-9　压

57

 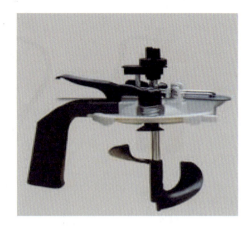

图 10-10　色母浆盖

2. 安全使用注意事项

（1）每天"搅拌"2 次，每次 15min，"定时器"选用。

（2）色母按编号顺序（从小到大）摆放。

（3）不用时关闭电源，电源必须搭铁。

（4）定期检查链条等传动装置。

（二）色板烤箱

1. 设备运行原理

色板烤箱通过加热装置使烤箱内部温度达到一定温度，并且通过气流循环装置使烤箱内形成环流，如图 10-11 所示。

 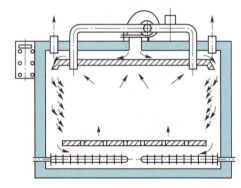

图 10-11　色板烤箱及原理图

2. 安全使用注意事项

（1）不可随意调整预先设定的温度。

（2）取放色板，注意温度。

（3）不用时切断电源。

（4）定期检查。

（三）标准光源灯箱

1. 设备运行原理

标准光源灯箱通过灯光模拟自然条件下多种独立光源、组合光源及复合光源，如图

10-12所示。

图 10-12 标准光源灯箱

2. 安全使用注意事项

(1) 先开电源,再开开关。

(2) 不用时切断电源。

(3) 比对时色板与灯管保持一定距离。

(4) 保证灯箱平稳放置。

(四) 样板喷涂间

1. 运行原理

样板喷涂间是小型喷漆装置,适合喷涂试板。干过滤式通过过滤控制过滤渣、尘;湿式(水淋柜)通过循环水涟幕过滤渣、尘,如图 10-13 所示。

图 10-13 水淋柜和干过滤式喷板房

2. 安全使用注意事项

(1) 先开电源,再开开关。

(2) 不用时,切断电源。

(3) 水淋柜需每天更换循环水,干过滤式需每半年更换一次进滤棉。

(五) 喷枪

1. 运行原理

喷枪是喷涂油漆的专用工具,通过压缩空气,将涂料雾化后均匀覆盖于工件表面,如图 10-14 所示。

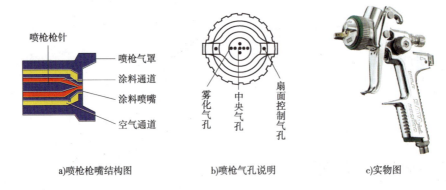

a) 喷枪枪嘴结构图　　　b) 喷枪气孔说明　　　c) 实物图

图 10-14　喷枪及喷嘴结构示意图

2. 安全使用注意事项

(1) 每次使用完成后必须及时清洗。

(2) 每次使用前需调试喷枪。

(3) 喷枪在使用过程中绝不允许对人喷。

(4) 使用前确保气管连接正确。

(5) 使用时必须佩带安全防护用品。

(六) 喷枪清洗机

1. 运行原理

喷枪清洗机是在独立相对密闭的空间内,使用高压稀料对使用过的拆解后的喷枪进行清洗,如图 10-15 所示。

图 10-15　喷枪清洗机

2. 安全使用注意事项

(1) 使用前确认稀料(水)充足。

(2) 确保气管连接正常。

(3) 每次使用后必须进行清洗。

(4)及时处理废弃的稀料(水)。
(七)溶剂回收机
1. 运行原理
溶剂回收机通过蒸馏的原理,将废溶剂回收再利用,如图10-16所示。

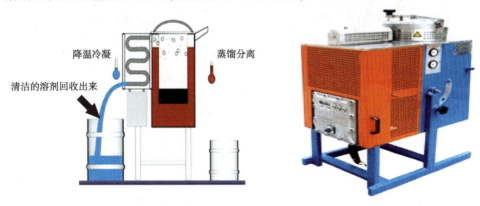

图10-16 溶剂回收机及原理

2. 安全注意事项
(1)使用前确保电源接地。
(2)废弃稀料倒入后确保密封盖盖好。
(3)根据说明书确定蒸馏参数。
(4)蒸馏过程中时时监控。
(5)分离后的固体废物及时处理。

三、涂料的安全

(一)运输安全
(1)禁止空运(紧限陆上运输)。
(2)专车运输。
(3)做好密封工作。
(二)储存安全
(1)使用专业防爆柜。
(2)通风良好。
(三)使用安全
(1)仅限专业人士使用。
(2)使用时做好安全防护。
(3)废弃涂料统一环保处理。

四、个人安全防护

在调色过程中,由于用到的涂料等具有VOC的材料,易于造成伤害,所以在操作过程中应注意以下个人安全防护。

(一)呼吸系统保护

(1)进行喷涂相关作业时,正确佩戴过滤式防毒面具(防溶剂口罩),如图10-17所示。

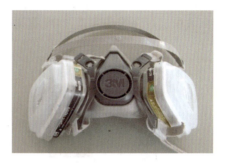

图10-17　3M过滤式防毒面具及正确佩戴

(2)进行喷涂相关作业时,正确佩戴呼吸式防毒面罩,如图10-18所示。

图10-18　SATA呼吸式防毒面罩

(二)眼部保护

进行喷涂相关作业时,正确佩戴防护眼镜,如图10-19所示。

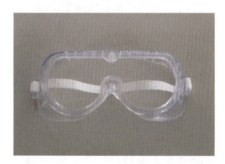

图10-19　防护眼镜

(三)手部保护

进行喷涂相关作业时,正确佩戴防溶剂手套,如图10-20所示。

(四)身体保护

进行喷涂相关作业时,正确穿戴工作服和防静电喷漆服,如图10-21所示。

(五)脚部防护

进行喷涂相关作业时,正确穿戴防滑、防压、防静电安全鞋,如图10-22所示。

图 10-20　防溶剂手套

图 10-21　工作服和防静电喷漆服

图 10-22　安全鞋

习　　题

一、单项选择题

1. 灭火器的结构中包括压把、保险销、压力指针、(　　)。
   A. 生产日期　　　B. 出产厂家　　　C. 喷嘴
2. 常见灭火器的种类分为泡沫灭火器、二氧化碳灭火器和(　　)。
   A. 氧灭火器　　　B. 生水灭火器　　　C. 干粉灭火器
3. 使用灭火器的方法总结为：提、(　　)、瞄、压。
   A. 拉　　　　　　B. 拔　　　　　　C. 跑

4. 用水用电时,应做到( )。
   A. 节约每一滴水　　　B. 乱拉乱接电源　　　C. 放学时灯可以开着
5. 喷枪清洗机运行的动力源来自于( )。
   A. 电源　　　　　　　B. 压缩空气　　　　　C. 机械动力
6. 如果进行调色实操——颜色比对作业,以下哪些防护用品是不需要的? ( )
   A. 防毒面具　　　　　B. 工作服　　　　　　C. 护目镜　　　　　　D. 焊接面罩
   E. 防溶剂手套　　　　F. 防静电喷漆服
7. 一辆能给人以精神感染、享受美好生活的汽车,需要( )的精心装饰。
   A. 喷涂作业人员　　　B. 机修作业人员　　　C. 钣金工作业人员
8. 车身外部涂装,最初使用凡立水及油脂漆,而到了( )硝基漆开始出现。
   A. 1924 年　　　　　B. 1934 年　　　　　C. 1940 年　　　　　D. 1886 年
9. 大部分的塑料是以所加( )的名称来命名。
   A. 树脂　　　　　　　B. 颜料　　　　　　　C. 助剂
10. 油漆着火用( )扑灭。
    A. 水　　　　　　　　　　　　　　　　　　B. 棉被
    C. 二氧化碳灭火器　　　　　　　　　　　　D. 泡沫灭火器
11. 喷涂含有异氰酸酯的涂料时,必须戴( )。
    A. 供气面罩　　　　　　　　　　　　　　　B. 单筒活性炭过滤口罩
    C. 双筒活性炭过滤口罩　　　　　　　　　　D. 纸质防尘口罩
12. 在油漆供应商提供的技术资料中,MSDS 代表( )。
    A. 色母指南　　　　　　　　　　　　　　　B. 物质安全资料单(材料安全说明书)
    C. 产品施工说明书　　　　　　　　　　　　D. 材料保险数据表
13. 有机挥发物存在于( )。
    A. 油漆中　　　　　B. 稀释剂　　　　　　C. 固化剂　　　　　　D. 上面都有
14. 制订限制 VOC 法律的目的为( )。
    A. 减少 VOC 的量　　　　　　　　　　　　B. 满足 EPA 的要求
    C. 保护地球的大气层　　　　　　　　　　　D. 以上都有
15. 有一种物质改变状态,没有生成新分子的变化,称之为( )。
    A. 化学变化　　　　B. 物理变化　　　　　C. 化学反应
16. 溶剂的着火点必须( )。
    A. 较低　　　　　　B. 较高　　　　　　　C. 常温
17. 我国涂料产品目前共分成( )大类。
    A. 12　　　　　　　B. 15　　　　　　　　C. 17　　　　　　　　D. 20
18. 我国涂料产品中的辅助材料目前共有( )大类。
    A. 3　　　　　　　　B. 4　　　　　　　　　C. 5　　　　　　　　　D. 6
19. 我国涂料产品按其用途的基本名称共分( )种。
    A. 66　　　　　　　B. 77　　　　　　　　C. 88　　　　　　　　D. 99

二、多项选择题

1. 汽车车身钣金工整形主要是校正( )等损坏。

A. 锈痕 B. 变形 C. 凹陷 D. 凸起
2. 下列属于化合物的是( )。
   A. 氢气 B. 氮气 C. 水分子 D. 二氧化碳分子
3. 铁锈是( )的混合物。
   A. 铁的氧化物 B. 氢氧化物
   C. 含水分子的氢氧化物 D. 纯铁
4. 下列腐蚀是化学腐蚀的是( )。
   A. 氧化反应 B. 酸雨腐蚀 C. 气体的腐蚀 D. 非电解质腐蚀
5. 在稀料的组分中,( )对成膜物是无溶解力的。
   A. 正溶剂 B. 助溶剂 C. 添加剂 D. 溶剂
6. 在下列涂料的组分中,形成涂膜后,存在的物质有( )。
   A. 树脂 B. 颜料 C. 助剂 D. 溶剂
7. 在下列涂料的组分中,( )是不能单独成膜的物质。
   A. 树脂 B. 颜料 C. 助剂 D. 溶剂
8. 涂料具有下列( )功能。
   A. 保护 B. 装饰 C. 绝缘 D. 导电
   E. 示温 F. 隐身
9. 颜料的作用有( )。
   A. 遮盖力 B. 色彩 C. 耐磨 D. 耐热
   E. 防锈 F. 增厚
10. 在实际施工中,涂料的烘干时间与( )有关。
    A. 涂料的颜色 B. 工件的形状 C. 工件的材质 D. 工件的厚度
    E. 工件的重量
11. 涂料的流平性与( )有关。
    A. 涂层厚度 B. 涂料黏度
    C. 表面张力 D. 溶剂的挥发
12. 涂料中加入增塑剂后,( )会有所下降。
    A. 抗张强度 B. 硬度 C. 耐热性 D. 延伸性
    E. 附着力
13. 轿车车身涂层对( )的要求很高。
    A. 装饰性 B. 耐久性 C. 保护性 D. 保光性
14. ( )是主要靠面漆来实现的。
    A. 耐候性 B. 装饰性 C. 耐湿性 D. 抗污性
    E. 防腐性
15. ( )属于中间涂层范围。
    A. 防锈底漆 B. 泥子 C. 二道浆 D. 封底漆
16. ( )会造成涂膜不均匀。
    A. 气压不稳 B. 喷涂角度不稳

  C.喷涂距离不恒定　　　　　　　　D.走枪速度不稳
17.高压无气喷涂所具备的优点有(　　)。
  A.附着力好　　　　　　　　　　B.雾化效果好
  C.漆雾飞散少　　　　　　　　　D.喷涂效率高
  E.涂层没有油水污染　　　　　　F.适合各种面漆涂饰
18.高压无气喷涂设备一般按(　　)进行区分。
  A.施工环境　　B.施工对象　　C.驱动方式　　D.压力比
  E.喷出量
19.高压无气喷涂对工件及涂料的适应性靠(　　)来调节。
  A.雾化气压　　B.涂料压力　　C.喷嘴口径　　D.扇幅气道压力

三、判断题

1. 如果每天喷涂的工作时间只有 5~10min，便可以不做防护工作。（　　）
2. 可以不进行防护工作，因为已经从事喷漆 10 多年了，都没出什么问题。（　　）
3. 在喷漆房实施作业没有危险。（　　）
4. 使用水溶性涂料时，只佩戴防尘口罩就可以。（　　）
5. 装有过滤装置的呼吸保护器实在太贵了，并且呼吸保护设备用起来不方便，甚至会影响工作效率。（　　）
6. 健康的恶化有时需要经历 15~20 年的时间而不是马上就可以被诊断，当您在多年后被确诊患有慢性病时，可能为时已晚而不能治愈，所以防患于未然很重要。（　　）
7. 水溶性漆会对使用者造成伤害。（　　）
8. 即使使用低压的喷枪，也不能避免漆雾的产生。（　　）
9. 呼吸保护设备的价格比起操作人员的健康或生产力来说，要"便宜"得多。（　　）
10. 使用水溶性涂料时，可以用自来水清洗喷枪。（　　）
11. 对于由于工作要求而需进行喷漆区的非操作人员，对其的防护要求应与在喷漆区工作的人员是同一等级的。（　　）

四、论述题

  根据下设场景，描述出你应该怎么做？同时写出你需要的安全防护用品并说明为什么？
  (1)下课后，调色车间需要你参与整理 5S。
  (2)上课前，任课老师需要你到仓库帮忙取一罐油漆出来。
  (3)你喷样板喷得很快、很好，因此你一直站在烤箱前，等待你的艺术品出炉。

项目十一　油漆调色工具及设备

学习目标

完成本项目学习后,你应能:
1. 指出调色工具的种类、用途及使用注意事项;
2. 说明调色设备的种类、用途及使用注意事项。

建议学时

2学时。

一、调色所需工具

(一)色母特性表

色母特性表是指油漆生产商根据自身油漆品牌色母的特点,而制作出的为调色服务提供色母选择依据的图表。

由于各油漆品牌所研发的色母特性表各有不同,所以并非所有色母特性表都是一样。目前,中高端汽车修补漆涂料品牌有:艾仕得—施必快(Spies Hecker)、巴斯夫—鹦鹉(BASF-Gasurit)、环球达壮(PPG)、ICI、阿克苏—AKzo(劲亮、新劲、莱顺、秒龙)等。

艾仕得—施必快(Spies Hecker)油性漆色母特性表如图11-1所示。

艾仕得—施必快(Spies Hecker)水性漆色母特性表如图11-2所示。

(二)电子秤

电子秤又叫调色天平。调色天平作为称量色母的工具,是精密的设备,它应该放置在调色架的附近以方便称量,同时避免在工作中受振动而影响精度,如图11-3所示。

1. 电子秤的操作程序

(1)选择一个合适的地点摆放,避免将仪器暴露在通风口、高温、潮湿和有振动的地方。

(2)打开电子秤总电源开关,按下电子秤电源处,暖机5min。

(3)按下归零键,将被秤物轻置于秤板中心,依序操作。

(4)使用完毕后,按下电子秤电源关闭键,关闭电子秤电源总开关。

2. 电子秤的使用注意事项

(1)尽量放在调色架附近,便于称量。

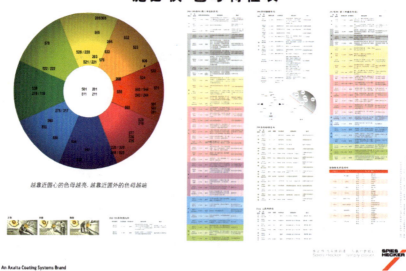

图 11-1 施必快油性漆色母特性表

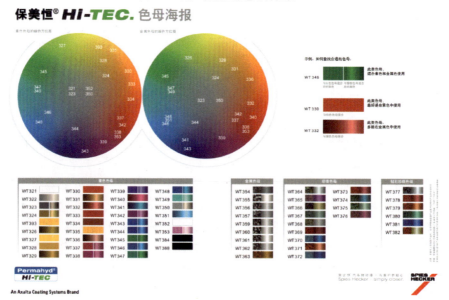

图 11-2 施必快水性漆色母特性表

（2）必须水平放在坚实的桌面上，避免摇晃。

（3）避免放在通风口、高温、潮湿和有振动的地方。

（4）在称重色母时，涂料罐要轻拿轻放，避免有风吹过，引起读数不稳。

（5）切勿在电子秤上封装油漆或放置重物或搅拌色母，否则会损坏仪器。

（6）只能使用挥发性溶剂或酒精擦洗秤体，切勿用水洗秤体或高温烘干。

（7）按照说明书的指示，定期校正电子秤。

（8）修补涂料工作中使用的电子秤精度大部分都为 0.1，所以小数的第二位部分，需要进行估算。

(9)使用累积量和单独量的区别,实际选择使用哪种称量方式要灵活掌握,重要的是要知道有哪些误差会影响调色精度。建议使用单独量方式称量。一般而言,滴加一滴色母的质量在0.02~0.05g(三滴0.1g)之间。电子秤不具备四舍五入的功能的,如0.17g,电子秤显示0.1g,所以实际的质量一般比显示的质量大。因此在理论上要准确调配一个配方,使每个色母的最小加入量在0.5g以上,当配方量放大到1L的配方时,颜色也是准的。

(三)比例尺

比例尺是一种用金属或塑料制造的尺子,上面带有刻度记号。比例尺可计量适当量的涂料、固化剂、稀释剂,能方便快捷地帮助进行油漆调配,混合油漆时可作搅杆用,涂料一般不会沾在其上,用完后容易清洗。各大油漆公司的比例尺一般不能混用,如图11-4所示。

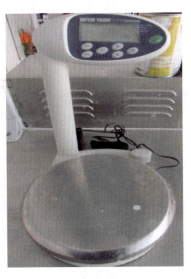

图11-3 电子秤

   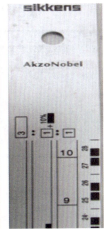

图11-4 施必快、鹦鹉、新劲——比例尺

二、调色所需设备

(一)调漆架(调漆机)

调漆机,又称色母搅拌机、调色机、调色架。调漆机采用联轴器传动,噪声小,传动平稳、可靠,功率损耗小。搅拌头及其他尼龙件采用进口纯料加工,强度高、耐腐蚀、抗老化。漆缸密封垫选用进口氟胶,耐香蕉水及油漆,油漆密封可靠,如图11-5所示。

调漆架使用须知:

(1)分搅拌后才可装置于搅拌机上。

(2)每天上午、下午开始调漆前,必须搅拌15~20min后方可配漆。色母必须先彻底搅拌,方可再放置搅拌机上搅拌。

(3)应保持清洁无尘,及时清除浆盖出漆口处的涂料。

(4)房间要通风,避免阳光直射,温度要适中,一般为10~30℃,最好能保持在20℃

左右。

（5）保持期一般不超过一年，时间太长质量会下降，还会影响调色精确度。

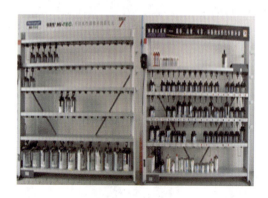 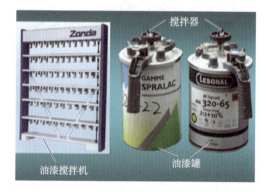

图 11-5　调漆架

（二）色板烤箱

色板烤箱是一种强制烘干实验样板的烘干设备，在人工调色烘干样板时使用，如图 11-6 所示。

图 11-6　色板烤箱

（三）喷板房（样板喷涂间）

喷板房是一种模拟烤漆房喷涂环境，为喷涂色板提供与喷涂汽车车身等同环境条件的设备。主要有干过滤式与湿过滤式（水淋柜），如图 11-7 所示。

图 11-7　干式过滤与湿式过滤（水淋柜）喷板房

1. 湿过滤式喷板房（样板喷涂间）使用要求

（1）开启前，确保水槽内有足够量的水。

(2)切不可一边加水,一边运行。

(3)必须每天更换一次水槽内的水,并清洁水槽。

(4)及时清理色板放置架。

(5)喷涂时,喷枪只能对着水淋面喷涂。

2. 干过滤式喷板房(样板喷涂间)使用要求

(1)开启前,先打开电源开关,再按下机身启动键。

(2)使用前,确保过滤棉干净,通风正常,每半年更换一次过滤棉。

(3)喷涂样板时,切忌手持样板支架。

(4)使用完毕务必关闭电源。

(四)溶剂回收机

溶剂回收机是利用蒸馏原理,通过加热蒸发溶剂变成气态,蒸气进入冷却系统液化流出,回收到洁净的有机溶剂,从而使废的、脏的、旧的有机溶剂再生,循环再利用,既能节省大量采购成本,又能减轻对环境的污染,如图 11-8 所示。

溶剂回收机使用注意事项:

(1)有机溶剂回收一般设置蒸馏温度为 150℃。

(2)蒸馏时间一般不超过 5h,建议有人值守。

(五)洗枪机

图 11-8 溶剂回收机

洗枪机是利用压缩空气,快速清洗喷枪的设备,如图 11-9 所示。

图 11-9 各品牌型号溶剂回收机

1. 水性漆快速洗枪机

(1)一般安装于烤漆房内,主要针对水性漆。

(2)机体下部装有两个容量为 2L 的容器,所以溶剂容量偏小,只适应于简单清洗,如图 11-9 中第一个溶剂回收机所示。

2. 油性漆洗枪机

(1)一般安装于独立的洗枪房内。

(2)机体下部装有两个容量为 25L 的容器,所以溶剂容量较大,适应于彻底清洗喷枪,如图 11-9 中第二个溶剂回收机所示。

3. 水/油性漆二合一洗枪机

(1) 一般安装于独立的洗枪房内。

(2) 机体下部装有两个容量为 25L 的容器,所以溶剂容量较大,适应于彻底清洗喷枪。

(3) 一般设备左边为油性洗枪,右边为水性洗枪,如图 11-9 中第三、四个溶剂回收机所示。

4. 洗枪机使用注意事项

(1) 动力源为压缩空气,使用前务必检查气源管路。

(2) 每次洗完喷枪,必须清洁好洗枪内部。

(3) 清洗喷枪的废溶剂(油性)需用溶剂回收机做回收处理,(水性)加入凝结粉后做固体处理。

(4) 喷枪在清洗机内部清洗完后,再开启封盖之前必须确认机器已经处于停滞状态。

(六) 标准光源

标准光源灯箱能模拟多条件多环境下,不同情况的光源设备,如图 11-10 所示。

使用注意事项有:

(1) 一次只能按一个灯源开关。

(2) 切勿将液态油漆放置于箱体内比色。

图 11-10　BYK 标准光源灯箱

(3) 使用前和使用后检查确认灯管。

习　题

一、单项选择题

1. 小面积的喷涂修补应使用(　　)喷枪。
　　A. 吸上式　　　　B. 重力式　　　　C. 压送式　　　　D. 加压式

2. 汽车修补涂装中,烤房温度一般调节到被烘烤物体表面温度(　　)。
　　A. 50℃为宜　　　B. 70℃为宜　　　C. 80℃为宜

3. 存在微小色差时,需正确判断哪些是不得不微调的,哪些是可以利用喷涂方式解决的。(　　)
　　A. 正确　　　　　B. 错误

4. 我国的涂料产品很多,相应的标准也很多,属国家标准共有(　　)项。
　　A. 48　　　　　　B. 32　　　　　　C. 24　　　　　　D. 12

5. 金属漆之所以难调准确,主要原因之一是有侧视色调需要考虑。(　　)
　　A. 正确　　　　　B. 错误

6. 只有控制涂料材料每个批次色差不超出标准色板的允许偏差,才能保证涂层的颜色质量。(　　)
　　A. 正确　　　　　B. 错误

7. 进入调色实操场地,操作者必须正确穿戴( )。
   A. 安全防护用品　　B. 校服　　　　　　C. 西服
8. 以施必快色母特性表为例,在色母特性表圆图中,越靠近圆心的色母的特点是( )。
   A. 亮度高　　　　　B. 纯度高　　　　　C. 明暗承担　　　　D. 彩度好
9. 比例尺主要的作用是( )。
   A. 刻度测量　　　　B. 测量重量　　　　C. 测量体积比　　　D. 画直线
10. 调色用电子秤能精确到( )。
    A. 0.001g　　　　　B. 1kg　　　　　　C. 0.1kg　　　　　　D. 0.1g
11. 调漆架搅拌色母的设备,其使用要求每天开动搅拌_____次,每次搅拌_____。( )
    A. 1次,5min　　　B. 2次,15min　　　C. 3次,20min　　　D. 4次,5min
12. 色板烤箱的温度一般设定在( )℃。
    A. 40　　　　　　　B. 50　　　　　　　C. 70　　　　　　　D. 60
13. 标准光源灯箱模拟的标准光源一般叫作( )。
    A. D65　　　　　　B. UV　　　　　　　C. X光　　　　　　D. D32
14. 溶剂回收机是利用( )原理,对废弃有机溶剂进行回收利用。
    A. 烘烤　　　　　　B. 化学催化　　　　C. 蒸馏　　　　　　D. 提纯
15. 出于对环保的要求,水溶性油漆废料不允许直接排放,必须使用( )对水溶性油漆做固体化处理再处理。
    A. 固化剂　　　　　B. 催化剂　　　　　C. 凝结粉　　　　　D. 稀释剂
16. 清洗喷涂过水性漆的喷枪时,必须严格按要求佩戴个人安全防护用品,因此在防护手套选择时应使用( )。
    A. 棉纱手套　　　　B. 抗溶剂手套　　　C. 皮手套　　　　　D. 耐溶剂手套
17. 再按照颜色配方进行添加色母时,如果使用的是绝对值法,那么每次添加1个色母后必须归零? ( )
    A. 对　　　　　　　B. 错　　　　　　　C. 都行
18. 放置调漆机的房间要通风,避免阳光直射,温度要适中,一般为( ),最好能保持在20℃左右。
    A. 0~5℃　　　　　B. 0~30℃　　　　　C. 10~50℃　　　　D. 5~15℃
19. 图示亮绿灯时,模拟光源为( )光源。
    A. D65光源　　　　B. 日光灯光源　　　C. 紫外线　　　　　D. 白炽灯
20. 图示亮绿灯时,模拟光源为( )光源。
    A. D65光源　　　　B. 日光灯光源　　　C. 紫外线　　　　　D. 白炽灯

二、多项选择题
1. 在进行色板喷涂时,应选择的防护用品有( )。

A. 工作服　　　　B. 防静电工作服　　C. 丁腈手套　　　D. 面纱手套
E. 护目镜　　　　F. 防毒面具　　　　G. 防尘口罩　　　H. 工作帽

2. 图示亮绿灯时,模拟光源为(　　)。

　　A. D65 光源　　　B. 日光灯光源　　　C. 紫外线　　　　D. 白炽灯

3. (　　)要避免压缩空气中水油及微粒。

　　A. 供气管道设置　B. 油水分离器　　　C. 气压调节器　　D. 空气干燥器
　　E. 软管　　　　　F. 阀门

4. 对流式烘干的特点有(　　)。

　　A. 加热均匀　　　B. 烘干温度范围大　C. 升温时间长　　D. 占地面积大
　　E. 热能消耗少

5. 由于热量传导与溶剂蒸发方向相反,所以对流式加热会产生(　　)等涂膜缺陷。

　　A. 流挂　　　　　B. 橘皮　　　　　　C. 针孔　　　　　D. 起泡
　　E. 脱皮

三、判断题

1. 使用水溶性油漆可以使用防尘口罩。　　　　　　　　　　　　　　　　(　　)
2. 色母特性表是组成颜色色母的特性指示表,所以全都一样。　　　　　　(　　)
3. 比例尺只能用于单组分涂料的比例指示。　　　　　　　　　　　　　　(　　)
4. 电子秤只要放置于平面上即可,无须其他条件。　　　　　　　　　　　(　　)
5. 调漆架上的油漆色母可以随意摆放。　　　　　　　　　　　　　　　　(　　)
6. 单组分和双组分油漆不能使用同一台调漆架。　　　　　　　　　　　　(　　)
7. 色板烤箱的烘烤温度一般与烤漆房烤漆温度相当。　　　　　　　　　　(　　)
8. D65 光源是调色比色时常用的光源。　　　　　　　　　　　　　　　　(　　)
9. 喷枪清洗机的动力源是电源。　　　　　　　　　　　　　　　　　　　(　　)
10. 溶剂回收机可用于水性废弃涂料的回收。　　　　　　　　　　　　　　(　　)

四、论述题

根据下设场景,描述出你应该怎么做? 同时写出你需要的安全防护用品,并说明为什么?

(1)下课后,调色车间需要你参与整理 5S。

(2)上课前,老师需要带领学生进行样板喷涂实操,需要您帮忙准备场地设备,你需要做些什么? 为什么?

项目十二　油漆颜色基础

学习目标

完成本项目学习后,你应能:
1. 简述颜色的形成及颜色感官机理;
2. 解释颜色三属性及其在调色过程中的运用。

建议学时

2学时。

一、物体颜色

油漆颜色的精准是高质量喷涂修补的关键之一,所以,涂装作业人员必须接受良好的培训,以获取高质量调色效果所需的专业技术。

光线投射在视网膜上后,形成某种信息,大脑对这种信息进行辨认,产生一种生理感觉,它就是通常所称的"观察颜色"。所以,颜色的观察感是光线和感官共同作用后所引起的生理感觉,如图12-1所示。

图12-1　观察颜色三要素示意图

1. 可见光

光是一种电磁辐射。一般情况下,只有波长为380~780nm的电磁辐射才能被人的眼睛观察到,称之为可见光。因此,物体的颜色是指在日光(白光)的照射下所呈现的颜色。

1666年,英国著名科学家牛顿第一次揭示了白光的秘密,他用一块三棱镜成功地将白光分成红、橙、黄、绿、青、蓝、紫七种颜色,后来他又设法用透镜把这七种单色光聚集在一起,还原为白色光,由此人们得知白光是由红、橙、黄、绿、青、蓝、紫七种单色光组成的,如图12-2所示。

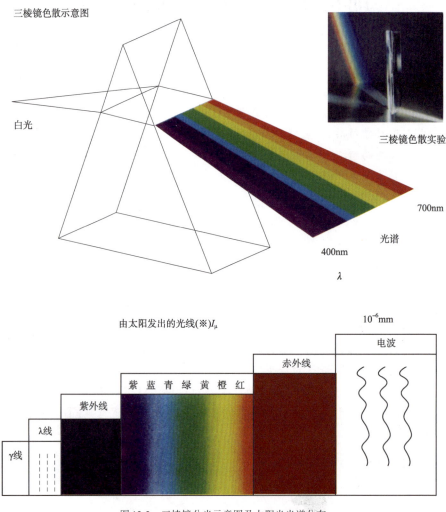

图12-2　三棱镜分光示意图及太阳光光谱分布

2. 光源特性

　人的眼睛可以在两个相邻颜色的过渡区域中看到次级色。一般来说,波长变动1~2nm时,人眼就能察觉出颜色的变化。如果一个物体表面把照射在上面的白光中的所有组分全部反射出来时,则物体呈现白色。而白光中的所有组分都以同样的程度被物体所吸收时,物体呈现灰色,被吸收的光量越大,灰色越深,全部被吸收时物体便呈现黑色。白、浅灰、中灰、深灰、黑等一系列颜色便构成了颜色的非彩色一类。

　如果白光照射在物体上时被选择性地吸收,即吸收了某些波长的光而反射了其余的光,则物体便会呈现那部分反射光的颜色。如红光被吸收,物体呈现蓝紫色;绿色被吸收时,物体呈现红紫色;黄色被吸收时,物体呈蓝色;反之,当蓝色被吸收时,物体呈黄色。组成光的各组分被选择吸收的结果,使物体呈现红、橙、黄、绿各种颜色,这便构成了色彩。不同的光源提供不同程度的能量,所以,在自然光线下看上去一样的两块颜色,在钠灯光下,他们的颜色却差别明显,如图12-3所示。不同光源下的同一物体会影响我们所看见的颜色。因为光源会干扰颜色的辨别并且物体也会反射颜色,所以,在进行涂装颜色调配时尽可能穿着淡色系的衣服,调配的环境也应当以白色或灰色为主。

图12-3　不同光源条件下的颜色异构现象

3. 观察者

人类对颜色的感知是物体反射特定波长光刺激人类眼睛,进而视觉神经将信号传递到大脑,经大脑处理产生的一种感受。人的生理状态不同,对光刺激敏感程度也不一样,正常人能分辨出2000余种颜色。但也有人对颜色分辨能力较差,更有甚者是全色盲,也有对某区域光的色盲。

二、颜色的属性(图12-4)

1. 色相

色相分为3个主色调:红、黄、蓝。在相邻的两个颜色之间又定义了3个次色相:红—黄、黄—蓝、蓝—红。色相又称色调,是区分不同颜色的视觉属性,它取决于光源的光谱组成以及物体表面对各种可见光的反射比例,是表示物体的颜色在"质"的方面的特性。

2. 明度表示

色环中央的轴表示亮度,越往上越亮,往下就暗。当一个点在轴上从上往下运动,颜色从白变灰,最终变成黑色。

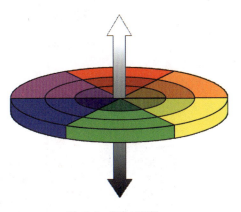

图12-4　颜色三属性

明度是人眼对物体明亮程度的感觉,是人眼对物体反射光强度的感觉,是表示物体的颜色在"量"的方面的特性。明度与光源亮度有对应关系,光源愈高,则观察到的颜色明度也愈高,但由于人的视觉灵敏度有限,所以当光源变化不大时,往往感觉不到明度的变化,所以明度和亮度是有区别的。

3. 彩度表示

颜色离中心越远、越纯净，彩度越高；颜色靠中心越近、越灰，色度越低，渐渐地变成没有色彩的白色、黑色或者灰色。彩度又称饱和度，是表示颜色是否饱和纯净的一种特征。物体反射出的光线的单色性强，物体颜色的彩度值越高。掺入白光成分越多，就越不饱和。当掺入的白光比例大到足以掩盖其余光线时，看到的就不再是彩色的而是白色的。所以白色、灰色、黑色等无彩色颜色的饱和度最低。饱和度取决于物体表面对光的反射选择性程度，若对某一很窄波段光有很高的反射率，而对其余波长的光反射率低，则说明颜色的饱和度也很高，如图 12-4 所示。

三、颜色混合

混合光的三原色(红、绿、蓝)则会成为白光，这三种光线产生 6 种光谱的颜色，如图 12-5 所示。

1. 三原色

三原色(红、黄、蓝)相互混合后也会产生其他颜色，颜色相互重叠可以产生另一种颜色，如图 12-6 所示。

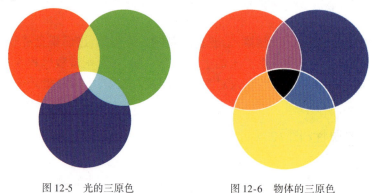

图 12-5　光的三原色　　　　图 12-6　物体的三原色

2. 次级色

其中两种三原色等量相互重叠可以产生的另一种颜色，叫作次级色，如图 12-7 所示。

图 12-7　三原色等量混合

3. 互补色

在色环中，对角的颜色为互补色，也称对角色，如图 12-8 所示。若混合 2 个互补色，将得到一个灰暗的颜色，因为这两个颜色相互减弱对方。

4. 颜色的明度

黑和白所展现的是几乎差不多比例的波长。将黑到白按等级进行划分,如图12-9所示。

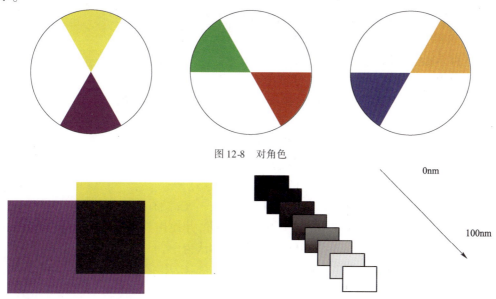

图12-8 对角色

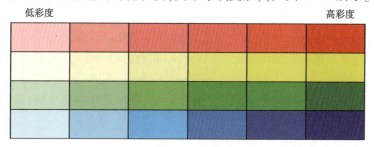

图12-9 颜色明度划分

5. 颜色的彩度

彩度或者饱和度就是颜色的鲜艳程度(更干净或更脏),如图12-10所示。

图12-10 颜色彩度划分

习　题

一、单项选择题

1. 在进行调色操作时,不需用的防护用品是(　　)。
   A. 防毒面具　　　　　B. 防尘口罩　　　　　C. 护目镜
   D. 防静电喷漆服　　　E. 安全鞋
2. 明度与光源亮度有对应关系,光源亮度愈高,(　　)。
   A. 明度越亮　　　　　B. 明度越暗　　　　　C. 明度不变
3. 影响颜料反射条件的是(　　)。

A. 分散程度　　　　　B. 颜料的物理性质　　　C. 颜料的物理性质和分散程度

4. 可见光是指能引起人视觉的电磁辐射,它的波长范围是(　　)。
　　A. 400nm～700nm　　B. 280nm～400nm　　C. 760nm～860nm

5. 表示颜色是否饱和纯洁的一种特性的是(　　)。
　　A. 饱和度　　　　　B. 光亮度　　　　　　C. 明度

6. 含有异氰酸酯的是(　　)。
　　A. 稀释剂　　　　　B. 除油剂　　　　　　C. 固化剂

7. 在孟塞尔组成色相环中,色调分为5个主色调:红、黄、绿、蓝和(　　)。
　　A. 灰　　　　　　　B. 白　　　　　　　　C. 紫

8. 为检查涂料中颜料的某些特性,应使用的光源是(　　)。
　　A. 太阳光　　　　　B. 紫外线灯　　　　　C. 日光灯

9. 人们对颜色亮度的感应与颜色的反光率是(　　)。
　　A. 不成正比的　　　B. 成正比的　　　　　C. 没有关系的

10. 甲说:"调色时应检查油漆生产厂家的原配方,并使用其中所列的色母";乙说:"用库存的色漆少量添加到调配的油漆中同样可行"。你认为(　　)。
　　A. 甲正确　　　　　B. 乙正确　　　　　　C. 甲、乙都正确

11. 颜色的色调可以移动的方向个数为(　　)。
　　A. 2　　　　　　　B. 3　　　　　　　　C. 4

12. 一般来说,波长的变化量为(　　)时,人眼就能察觉出颜色变化。
　　A. 3nm～5nm　　　B. 1nm～2nm　　　C. 10nm～12nm

13. 孟塞尔系统中,一个位置代表(　　)。
　　A. 唯一的一个颜色　B. 二个颜色　　　　　C. 三个颜色

14. 从各个色母在色轮上的位置就可以看到越靠近色轮的中心,色母颜色就越(　　)。
　　A. 鲜艳　　　　　　B. 浑浊　　　　　　　C. 明亮

15. 当一个点在孟塞尔系统中央轴从上往下运动,颜色是从白色变灰,最终变成(　　)。
　　A. 深灰色　　　　　B. 深红色　　　　　　C. 黑色

16. 一般来说,汽车涂料的"三防"性能是指(　　)。
　　A. 防湿热、防老化、防霉菌　　　　　　B. 防失光、防失色、防粉化
　　C. 防湿热、防盐雾、防霉菌

17. 检查颜色的最佳光源是(　　)。
　　A. 白炽灯　　　　　B. 自然日光　　　　　C. 钠光灯

18. 检查颜色的最佳光源是(　　)。
　　A. 钠光灯　　　　　B. 自然日光　　　　　C. 荧光灯　　　　　D. 白炽灯

19. 所有的颜色可以用(　　)种参数来描述。
　　A. 6　　　　　　　B. 3　　　　　　　　C. 4　　　　　　　　D. 5

20. 颜色的色调可以向(　　)个方向移动。
　　A. 4　　　　　　　B. 3　　　　　　　　C. 2　　　　　　　　D. 6

21. 把在色轮上颜色相对的色漆混合在一起,会使油漆的颜色(　　)。

A. 变灰或者变混浊 B. 颜色变亮
C. 偏向红色 D. 偏向蓝色

22. 如果调色工没有正确地搅拌色母,喷漆工修补时会产生明显的颜色差异。（　　）
    A. 对 B. 错

23. 当要把色漆调整到可以过渡喷涂的颜色,调色工最好调配(　　)。
    A. 已经稀释的色漆 B. 没有稀释的色漆
    C. 加了固化剂并且稀释的色漆 D. 以上都不对

24. 如果 BC 色母用完了,是否可以用 DG 色母替代?（　　）
    A. 可以 B. 不可以
    C. 量少可以,量多不可以

25. 用于区分红、黄、蓝等颜色属性是(　　)。
    A. 色品 B. 色度 C. 饱和度 D. 色相

26. 把绿色的色母加入红色的油漆中,油漆颜色会变得蓝一些。（　　）
    A. 否 B. 是

27. 技术人员鉴定颜色时,最准确的方法是用(　　)。
    A. 计算机 B. 技术员眼镜 C. 检测仪器 D. 黏度杯

28. 漆工 A 说,调色时应检查油漆生产厂家的原配方并使用其中所列的色母;漆工 B 说,用库存的色漆少量添加到调配的油漆中同样可行。谁的说法正确?（　　）
    A. 漆工 A B. 漆工 B C. A、B 都不对 D. A、B 都对

29. 色品值最低的颜色是(　　)。
    A. 白 B. 蓝 C. 黑 D. 红

30. 调色时应该首先缩小颜色的(　　)差异。
    A. 色调 B. 亮度
    C. 饱和度 D. 看起来偏差最明显的属性

二、多项选择题

1. 调色和微调所需的工具有(　　)。
   A. 灯箱 B. 涂料公司提供的色卡
   C. 比例尺 D. 电子秤

2. 颜料的作用有(　　)。
   A. 使涂层具有一定的遮盖能力 B. 增加色彩和保护装饰功能
   C. 掩盖基材上的缺陷 D. 吸收紫外线

3. CIE 表色系中的基础色调是(　　)。
   A. 红 B. 绿 C. 紫 D. 蓝

4. 准备色母时需要确认的有(　　)。
   A. 色母已经搅拌均匀 B. 色母数量足够
   C. 调配涂料的罐子是干净的 D. 电子秤已校准

5. 配色灯箱中提供的光源有(　　)。
   A. 荧光灯光源 B. 白炽灯光源 C. 紫外光光源 D. 红外光光源

6. 下列关于涂料的存储,描述正确的有( )。
    A. 仓库内的温度一般为 5~32℃ 为宜
    B. 涂料在存储期间应遵循"先进先出"原则
    C. 消防设施要符合当地公安消防部门的规定
    D. 仓库内严禁存放未用完敞开口的涂料桶

7. 下列属于氧化铁颜料的有( )。
    A. 土红   B. 黄土   C. 棕土   D. 氧化铁黄

8. 下列属于白色颜料的有( )。
    A. 钛白   B. 锌钡白   C. 氧化锌   D. 炭黑

9. 关于汽车修补漆的电脑调色,下列哪一种表述是正确的?( )
    A. 用测色仪测定车身颜色后,电脑自动生成颜色配方
    B. 用测色仪测定车身颜色后,通过电脑搜索配方数据库,找出最接近的颜色配方供参考
    C. 通过电脑找出最精确的颜色配方供使用
    D. 不必通过人眼调色即可保证最准确颜色

10. 修补中有一个技术术语是"条件等色",即在某种光源下修补部位的颜色与车身颜色相同,而在其他某种光源下颜色不相同,这是因为调色工( )。
    A. 仅仅在自然日光下检查颜色
    B. 加入原始配方以外的色母或色漆
    C. 稀释 BC 色漆所用的溶剂不合适
    D. 喷涂气压太高

三、问答题

1. 学习和掌握 MUNSELL 颜色理论对调色有什么实用意义?
2. 双工序的颜色是否一定要喷涂清漆后再进行比色?为什么?
3. 请介绍几点自己的调色经验。

项目十三　水粉颜料调色

> **学习目标**
>
> 完成本项目学习后,你应能:
> 1. 说明水粉颜料的组成及其特性;
> 2. 指出色环、色相、明度等特性指标;
> 3. 辨析色系划分并熟知调色规律。
>
> **建议学时**
>
> 2 学时。

一、水粉颜料

1. 水粉颜料概述

水粉颜料多数较透明,由粉质的材料组成,用胶固定,覆盖性比较强,如图 13-1 所示。水粉颜料湿的时候颜色比较深,干了颜色变浅。还有带紫色的比如玫瑰红、紫罗兰这些颜色容易呈现出来。水粉颜料色粒很细,与水相溶后颜色很漂亮,但不能覆盖底色。水彩颜料的群青、赭石、土红等色属矿物性颜料,单独使用或与别的色相混都易出现沉淀现象。

图 13-1　水粉颜料

2. 水粉颜料组成

水粉颜料主要由着色剂、填充剂、胶固剂、润湿剂、防腐剂等组成。着色剂为使用球磨机磨研成极细的颜料粉。填充剂主要是各种白色颜料或小麦淀粉等。胶固剂包括糊精、树胶等。润湿剂包括冰糖、甘油等。防腐剂包括石炭酸或福尔马林。

二、水粉颜料调色

1. 色环

水粉颜料调色的原理与油漆调色原理是一样的。因此,水粉颜料调色使用的色环与油漆调色的色环一致,如图 13-2 所示。

2. 色相

水粉颜料调色同样有色相的影响。因为水粉颜料一般是用来画水粉画的,而在绘画领域对颜色的感官更趋向于"冷"与"暖"的区分,所以有"冷色系"和"暖色系"的说法,如图 13-3 所示。但是,归结起来,对颜色的色相描述还是以其颜色名称来描述,例如"绿色""红色"等。

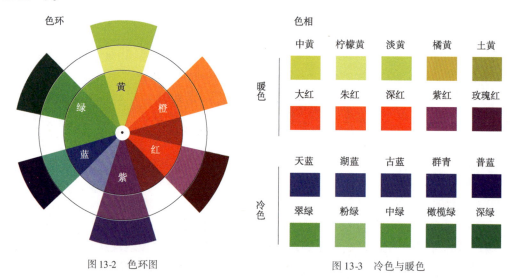

图 13-2　色环图　　　　　　　图 13-3　冷色与暖色

3. 明度

水粉颜料调整"灰暗程度",也就是调整颜色的"明与暗",这点也与油漆的调色相同。以红色为例,如图 13-4 所示,添加不同程度的白色或黑色,会得到不同的"红"色。

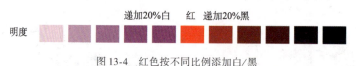

图 13-4　红色按不同比例添加白/黑

4. 对角色

对角色是指在色环中处于对应位置的颜色,如图 13-5 所示。一般调色过程中,不会选用对角色进行颜色的调整。

图 13-5　对角色

三、水粉颜料调色技巧

(一) 水粉颜料与水的调和

水粉画颜料是由树胶和颜料粉混合的浓缩膏体,使用时用水调开。而水分的把握是初学者最难拿捏的,先湿后干,是相对而言的。如果误以为湿就是要加很多水分,水分过多会导致的问题有:

(1) 颜料干了以后会变色、变灰,得不到所希望的颜色。

(2) 颜料变薄,导致下层的颜色翻出。

(3) 容易把下层的颜色洗出来。

所以,在对水粉颜料加水调和时,一定要循序渐进,慢慢添加。

(二) 水粉颜料颜色的划分

1. 黄色系

① 柠檬黄:三原色之一,它是黄色颜料中最明亮的一种,暖中偏冷,有绿味,较透明,和红、蓝调和成的橙与绿,色泽鲜明。

② 橘黄:黄中偏红,色彩温暖明亮,是红与黄调和间色,有极强的动感和亮度。橘黄与普蓝相混合,能调出沉着而有分量的绿色。

③ 中黄:黄中偏橙,是黄色中最暖的颜色,和蓝调成的绿浓郁深厚。

④ 土黄:黄色中较深的一种。黄中带黑,色泽温文雅静,不透明,调和其他色时,极易谐调。

2. 红色系

① 朱红:色泽鲜明、温暖,带黄味,色性和大红相似,是红色中最亮的一种;加白调成的粉红,略灰,不及玫瑰红调成的粉红那么鲜丽。朱红调和成的紫色呈灰暗,因为朱红中有黄的成分。

② 大红:色彩艳丽,比朱红略深,在冷暖、明暗度上,是红色中处于中间的层次。

③ 深红:色相比大红略深,偏冷,沉着、艳丽,被白色冲淡后是极为亮丽的粉红。以深红为主调成的肉色,暖中带冷,感觉稚嫩。

④ 玫瑰红:红色系统中最冷的色,比深红略浅,透明;和湖蓝或群青相混合,调成极漂亮的紫色;和其他色混合后要泛色。

3. 蓝色系

① 钴蓝、正蓝:可由群青和白粉调和而成,是蓝中明度较亮之色,鲜明雅致,偏红味,易和其他色调和。

② 湖蓝:冷中偏暖,带绿味,色彩艳丽明亮,明度和钴蓝差不多,略有透明。湖蓝和柠檬黄调和之绿,比其他蓝色调成的绿要鲜明。

③ 群青:蓝中偏紫,偏暖,明度比普蓝淡,较透明。群青和土红、赭石调和,作暗部色和阴影色,浓而透明,风景画上常常使用。

④ 普蓝:蓝中最深最稳定的颜色,偏黑,色相稳重沉着,用途广泛。

四、水粉颜料调色规律

红加黄变橙,红加蓝变紫,黄加蓝变绿;红、黄、蓝是三原色,橙、紫、绿则是三间色;间色与间色相调和就会变成各类灰色。但灰色都应该是有色彩倾向的,譬如蓝灰、紫灰、黄灰等。

(一)红 + 黄 = 橙(图 13-6)

少黄多红变深橙;少红多黄变浅黄;红加黄加蓝变灰黑色(按分量多少,可调出多种深浅不一的颜色)。

(二)红 + 蓝 = 紫(图 13-7)

少蓝多红变深紫;再加多红变玫瑰红;红加蓝变紫再加红加白变粉紫红(玫瑰)。

(三)黄 + 蓝 = 绿(图 13-8)

少黄多蓝变深蓝;少蓝多黄变浅绿;红加黄加少蓝变棕色;红加黄加蓝变灰黑色(按分量多少,可调出多种深浅不一的颜色)。

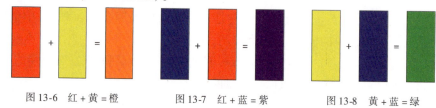

图 13-6　红 + 黄 = 橙　　　图 13-7　红 + 蓝 = 紫　　　图 13-8　黄 + 蓝 = 绿

五、色彩观察与感受

(一)兴奋色与沉静色

红橙黄等鲜明的暖色使人兴奋;青绿、青紫、青给人以沉静的感觉。

(二)轻色与重色

浅淡的颜色给人以轻快的感觉,低明度深重的浓色给人以沉闷的感觉;重色在下轻色在上,使人觉得安定;轻色在下重色在上,则给人以不稳定的感觉。

(三)艳丽与朴素的色彩

明度、纯度高的颜色,给人以艳丽的感觉;明度低纯度也低的颜色给人以朴素无华的感觉。

(四)前进色与后退色

处在同一平面上的颜色,有的颜色使人感觉突出,有的颜色给人以退向后方的感觉,前者称前进色,后者称为后退色,一般的暖色如红、黄有前进感;冷色如青、绿有后退感。浅底子上的小块深色感觉向后,而深底子上的小块浅色给人的感觉则相反。房间的墙壁及屋顶涂以后退色感觉屋子宽敞高大。

(五)膨胀色(也称立体色)和收缩色

有些颜色的物体看起来比实际大,有些看起来比实际小,前者称为膨胀色,后者称为收缩色。膨胀色与前进色一致,暖色、明亮色显得大;收缩色与后退色相一致,冷色、暗色显得小。白底子上的黑色显得小;黑底子上的白字显得大。穿深色、冷色衣服的人显得瘦;穿浅色暖色衣人显得胖。

1925 年的一个傍晚,帕基尼在书房里观看油画,随着天气逐渐变暗,光线越来越弱,发觉眼睛对画面颜色的感觉,随着光度的减弱而发生变化,先是红颜色渐渐变得不明显,后来就只能看见蓝颜色。究其原因,在暗光线下光波长的红、黄色感觉暗;光波短的青、绿色感觉亮,这种视觉色彩敏感度与亮光下相反的现象,被称为帕基尼现象。月光是太阳光的反射光,光色的组成与日光相同,但是亮度约为日光的五百分之一,在这种光线下,青绿色易于感知,红黄则难以辨认,所以人在月光下看红色是黑褐色,白色物体呈现青色,其他东西都带有一种青绿的调子,实际上月夜风景的独特色调不是月光光谱组成的变化,而是人的视觉对光谱中不同光色的感知度发生了变化。

视觉对明度也具备同样的恒常性感受。在直射日光下观看灰颜色的纸张,反射的光线强度,与在室内观看白纸时的亮度相比,要明亮许多倍,但人们都认为是灰纸。因为人们有在阳光下观察白纸的记忆与之相对照,从而在心理上自动调整了视觉感受。

色彩的恒常性还明显地表现在"固有色"观念上。人们在观察常见的物体时,由于受意识的影响,习惯地根据长久的经验积累,排除光线变化及环境色彩对物体的影响,把视觉的色彩感受调整到接近物体的常见色,如倾向于把皮肤看成肉色,把树叶看成绿色,把天空看成蓝色。这种固有色观念给人们的日常工作和生活带来许多方便,但如果不能在特定情况下排除,就会给色彩观察带来相当不利的影响,涉及眼睛、视神经、心理对比、补色关系、色彩适应等。色彩爱好、色彩感情、色彩美感等就不只限于视觉属性地范围,要扩展地联系心理、个性、社会意识等许多因素来解释。只有全面地了解色彩的主题,才能正确理解色彩现象。

习 题

一、判断题

1. 把在色轮上颜色相对的色漆混合在一起,会使油漆的颜色变灰或浑浊。( )
2. 水粉颜料中的稀释剂是有机溶剂。( )
3. 不同的物体表面呈现不同颜色是因为对不同波长光波的反射率不同。( )
4. 表示物体的颜色在"质"的方面的特性是颜色的彩度。( )
5. 造成水粉颜料干湿色差的主要原因是颜料中着色剂的沉降。( )
6. 颜色感觉是光线和感官器官作用后引起的生理感觉。( )
7. 由于电子秤的最小精度为 0.1g,所以为了保证调色准确,每个色母的最小加入量为 0.5g。( )
8. 在调色时,黑色或白色能够最快、最明显地影响颜色的亮度。( )
9. 如果湿漆中含有一定量的白色漆或黄色漆时,要求湿漆比其样板颜色浅、淡。( )
10. 使用后的水粉颜料是可以随意丢的。( )

二、单项选择题

1. 下列称为原色的是( )。
   A. 红、蓝、白　　　　　　B. 红、绿、蓝　　　　　　C. 红、黄、蓝
2. 下列不是水粉颜料的组成成分的是( )。
   A. 固化剂　　　　　　　　B. 着色剂　　　　　　　　C. 胶

3. 在组成色相环中,色调分为5个主色调:红、黄、绿、蓝和(　　)。
   A. 灰　　　　　　　　B. 白　　　　　　　　C. 紫

4. 人们对颜色亮度的感应与颜色的反光率是(　　)。
   A. 不成正比的　　　　B. 成正比的　　　　　C. 没关系的

5. 蓝+浅黄,呈现出的颜色是(　　)。
   A. 乳黄　　　　　　　B. 橘黄　　　　　　　C. 翠红

6. 明度与光源亮度有对应关系,光源亮度愈高,(　　)。
   A. 明度越亮　　　　　B. 明度越暗　　　　　C. 明度不变

7. 表示颜色是否饱和纯洁的一种特性的是(　　)。
   A. 饱和度　　　　　　B. 光亮度　　　　　　C. 明度

8. 可见光是指能引起人视觉的电磁辐射,它的波长范围是(　　)。
   A. 400~700μm　　　　B. 200~400μm　　　　C. 280~500μm

9. 不同色调也有不同亮度,如在太阳光谱中,紫色的亮度(　　)。
   A. 最高　　　　　　　B. 最低　　　　　　　C. 中等

10. 电子秤应该放置在(　　)。
    A. 喷枪附近　　　　　B. 搅拌架附近　　　　C. 搅拌棍附近

11. 一般调色工作中需要使用电子秤,其精度要求为(　　)。
    A. 保留小数点后1位　　B. 保留小数点后2位　　C. 保留小数点后3位

三、多项选择题

1. 配色灯箱中提供的光源有(　　)。
   A. 荧光灯光源
   B. 白炽灯光源
   C. 紫外光光源
   D. 红外光光源

2. 称量色母时,下列叙述正确的有(　　)。
   A. 有把握时可以一次数量调够,没有把握的先根据配方调出小样
   B. "宁少勿多"对某个色母的用量没有完全把握,可以先少加点
   C. 应该把电子秤放在稳固的桌面上
   D. 电子秤需要进行校正

3. 准备色母时需要确认的有(　　)。
   A. 色母已经搅拌均匀
   B. 色母数量足够
   C. 调配涂料的罐子是干净的
   D. 电子秤已校准

4. 关于调色的叙述,正确的有(　　)。
   A. 两种以上色调混合会产生一个新色调
   B. 两种色彩色调、饱和度相同才能认定为两种色彩相同
   C. 加入不同量的白色母可以改变色彩的饱和度

D. 加入不同量的黑色母可以改变色彩的明暗程度

5. 修补中有一个技术术语是"条件等色",即在某种光源下修补部位的颜色与车身颜色相同,而在其他某种光源下颜色不相同,这是因为调色工(   )。

　　A. 仅仅在自然日光下检查颜色

　　B. 加入原始配方以外的色母或色漆

　　C. 稀释 BC 色漆所用的溶剂不合适

　　D. 喷涂气压太高

6. 色母搅拌浆盖出漆口涂料需及时清除,不然会引发的问题有(   )。

　　A. 造成安全隐患

　　B. 影响称重精确

　　C. 影响调色准确度

　　D. 影响色母滴加的可控性

7. 涂料厂家发布的颜色登记册主要提供(   )等信息。

　　A. 颜色名称　　　　B. 颜色代码　　　　C. 出厂年份　　　　D. 停用年份

　　E. 使用车型　　　　F. 代码在车上位置　　G. 代码上字母含义

8. 颜色的重要特性有(   )。

　　A. 重量　　　　　　B. 色调　　　　　　C. 容量　　　　　　D. 明度

　　E. 彩度

9. 下列的颜色中是非彩色类的有(   )。

　　A. 红　　　　　　　B. 灰　　　　　　　C. 黄　　　　　　　D. 黑

　　E. 白

10. 调配颜色前要做好的准备工作有(   )。

　　A. 色母已搅拌均匀

　　B. 色母的数量能满足

　　C. 调色罐是干净的

　　D. 电子秤已校准

　　E. 搅拌尺已准备好

项目十四　醇酸磁漆调色

> **学习目标**
>
> 完成本项目学习后,你应能:
> 1. 熟悉并严格完成课程要求;
> 2. 学会醇酸磁漆的基础知识;
> 3. 掌握醇酸磁漆调色流程。
>
> **建议学时**
>
> 2 学时。

一、磁漆知识

1. 磁漆

磁漆又名磁漆,英文为 enamel,是以清漆为基料,加入颜料研磨制成的,涂层干燥后呈磁光色彩而涂膜坚硬,常用的有酚醛磁漆和醇酸磁漆两类,适合于金属窗纱网格等。防锈漆有锌黄、铁红环氧脂底漆,漆膜坚韧耐久,附着力好,若与乙烯磷化底漆配合使用,可提高耐热性、抗盐雾性,适用沿海地区及温热带的金属材料打底。20 世纪 50 年代,其常用于载货汽车和客车。

2. 醇酸磁漆

醇酸磁漆是磁漆的一种,以醇酸树脂为主,按各种品种的要求加入所需的颜料及助剂等,研磨而成。主要特点是:具有良好的光泽、耐候性、耐水性,附着力强,能经受气候的强烈变化。用途:金属、木质,各种车辆机械仪表及水上钢铁构件船舶。

20 世纪 50 年代,常用于载货汽车和客车,如图 14-1 所示。

图 14-1　涂有醇酸磁漆的载货汽车和客车

3. 醇酸磁漆使用技术说明

(1) 涂膜颜色和外观:各色符合标准板及其色差范围,平整光滑。

(2) 闪点≥35℃。

(3) 干燥时间(25℃):面干≤4h;实干≤24h。

(4) 漆膜厚度:湿膜约60μm;干膜约30μm。

(5) 理论用漆量约120g/m²。

(6) 建议涂漆道数为2~3道,干膜60~90μm。

(7) 涂装间隔时间(25℃):24~48h。

(8) 前道漆配套:醇酸防锈漆、红丹醇酸防锈漆、环氧酯防锈漆。

4. 酚醛磁漆

酚醛磁漆是以松香改性酚醛树脂和干性油为成膜物质的一类酚醛树脂漆。属低档油漆,耐水性、耐化学药品性和户外耐久性比酯胶类油基漆好,漆膜坚硬、有光泽、附着力较好,但耐候性差。适当选用颜料可以配成各色酚醛磁漆,但因其涂膜易变深,故不宜制浅色漆。溶剂选用200号油漆溶剂油或松节油,主要用于建筑、房屋门窗和金属物件的涂饰。

二、醇酸磁漆调色流程

1. 所需设备/工具

(1) 调色灯箱(阴雨天)、正常日光。

(2) 调漆工作台(遮蔽好台面或台面容易清洁),能容纳48人。

(3) 塑料杯或纸杯、带刻度的针筒若干。

(4) 调色盘4个一组。

(5) 油漆搅拌棒(一次性筷子)若干。

(6) 色板或纸牌若干。

(7) 画笔若干。

2. 实操所需防护用品

过滤式呼吸面罩、护目镜、防溶剂手套、防静电喷漆工作服。

3. 实操所用油漆耗材

红、黄、蓝、白、黑共五色醇酸磁漆。

4. 实操流程(图14-2)

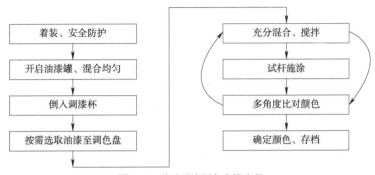

图14-2 醇酸磁漆调色实操流程

习 题

一、判断题

1. 醇酸磁漆可以和磷化底漆混合使用。( )
2. 醇酸磁漆具有良好的光泽、耐候性、耐水性,附着力强。( )
3. 醇酸磁漆的闪点为 60℃。( )
4. 酚醛磁漆是以松香改性酚醛树脂和干性油为成膜物质的一类酚醛树脂漆。( )
5. 一天中比对颜色最好的时间段是日出后 3h 和日落前 3h。( )
6. 醇酸磁漆调色中,等量红色 + 黄色 = 橙色。( )
7. 醇酸磁漆可以用汽油或苯进行稀释。( )
8. 进行醇酸磁漆调色时可以使用防尘口罩。( )
9. 醇酸磁漆可以用拭干施涂法进行试板施涂从而进行比色。( )
10. 醇酸磁漆与酚醛磁漆的性能一样。( )

二、单项选择题

1. 醇酸磁漆调色时,( )不是次级色。
   A. 红 B. 橙 C. 紫
2. 关于醇酸磁漆调色,下列说法正确的是( )。
   A. 每次只加入一个颜色进行微调
   B. 可以同时加入两个颜色进行微调
   C. 调色过程中无须记录添加量
3. 下列不属于调色电子秤正确使用方法的是( )。
   A. 每次添加油漆前都要归零 B. 称面清洁 C. 无须校准
4. 关于醇酸磁漆调色注意事项,下列说法正确的是( )。
   A. 调色盘使用以后可不清洗
   B. 可以用纸牌进行拭干施涂比色
   C. 使用后的纸牌随意丢弃
5. 喷涂前除油的方法正确的是( )。
   A. 一干一湿 B. 直接擦拭 C. 用吹枪边吹边擦
6. 关于拭干施涂涂正确的是( )。
   A. 第一遍 30% 覆盖 B. 第一遍 70% 覆盖 C. 均匀施涂
7. 色板烤箱的温度一般为( )℃。
   A. 30 B. 40 C. 60
8. 颜色的属性个数是( )。
   A. 1 B. 2 C. 3
9. 表示颜色是否饱和纯洁的一种特性的是( )。
   A. 饱和度 B. 光亮度 C. 明度
10. 一般调色工作中需要使用电子秤,其精度要求为( )。

A. 小数点后保留 1 位

B. 小数点后保留 2 位

C. 小数点后保留 3 位

三、多项选择题

1. 下列关于双组分色漆喷涂描述,正确的是( )。

 A. 使用 1.3mm 口径的喷枪喷涂

 B. 素色漆喷涂的标准是均匀覆盖

 C. 最后一遍喷涂双组分色漆可加入清漆,以增加光泽度

 D. 能够耐 60～80℃ 高温烘烤

2. 对于双组分色漆的要求有( )。

 A. 具有极佳的光泽   B. 极佳的颜色遮盖力

 C. 极佳的流平性   D. 极佳的施工性能

3. 喷涂素色漆是需要选择的防护用品是( )。

 A. 护目镜   B. 防尘口罩   C. 防溶剂手套   D. 棉手套

 E. 安全鞋   F. 防静电工作服   G. 防毒面具   H. 工作服

4. 关于调色的叙述,正确的有( )。

 A. 两种以上色调混合会产生一个新色调

 B. 两种色彩色调、饱和度相同才能认定为两种色彩的相同

 C. 加入不同量的白色母可以改变色彩的饱和度

 D. 加入不同量的黑色母可以改变时彩的明暗程度

5. 影响颜色的因素有( )。

 A. 调色能力   B. 喷涂技巧

 C. 喷枪的气压   D. 喷枪扇面的调节

6. 在对比颜色的时候,下列做法正确的是( )。

 A. 对比时,光线要充足

 B. 充分考虑周围的影响因素

 C. 在阳光直射的情况下检查颜色

项目十五　双组分素色漆调色

> **学习目标**
>
> 完成本项目学习后,你应能:
> 1. 熟悉并严格完成课程要求;
> 2. 熟练掌握双组分素色漆调色实操个人安全防护的目的及正确使用个人安全防护用品;
> 3. 熟练掌握鹦鹉颜色系统查询的方法、流程及注意事项。
>
> **建议学时**
>
> 2学时。

一、双组分素色漆调色流程(图15-1)

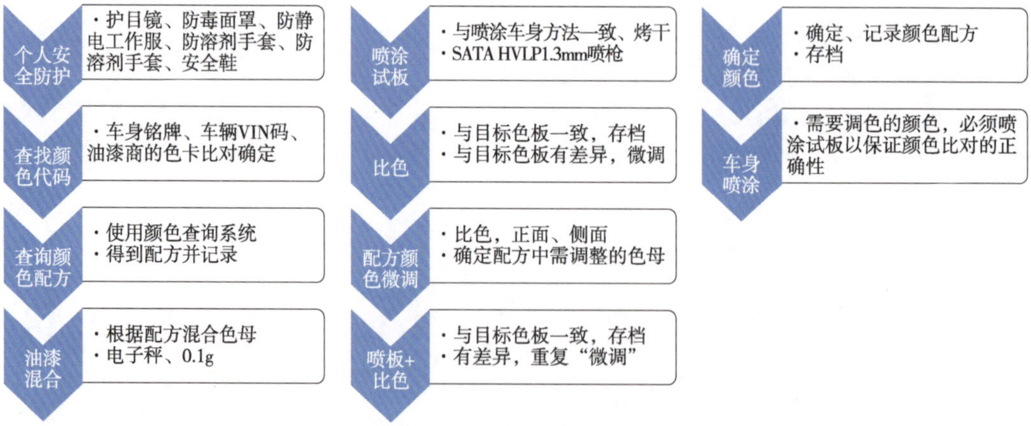

个人安全防护	・护目镜、防毒面罩、防静电工作服、防溶剂手套、防溶剂手套、安全鞋
查找颜色代码	・车身铭牌、车辆VIN码、油漆商的色卡比对确定
查询颜色配方	・使用颜色查询系统 ・得到配方并记录
油漆混合	・根据配方混合色母 ・电子秤、0.1g
喷涂试板	・与喷涂车身方法一致、烤干 ・SATA HVLP1.3mm喷枪
比色	・与目标色板一致,存档 ・与目标色板有差异,微调
配方颜色微调	・比色,正面、侧面 ・确定配方中需调整的色母
喷板+比色	・与目标色板一致,存档 ・有差异,重复"微调"
确定颜色	・确定、记录颜色配方 ・存档
车身喷涂	・需要调色的颜色,必须喷涂试板以保证颜色比对的正确性

图15-1　双组分素色漆调色流程

二、车身颜色代码

车身颜色代码是指由汽车厂商与油漆厂商共同确定的某一款车的颜色,并以一个或多个数字及字母组合来区分该颜色。一般在车身铭牌上可以找到颜色代码,如图15-2所示。

油漆厂商提供的色卡也可获得车身颜色代码,该方法需先使用色卡与车身颜色比对,以最相似的确定颜色代码,如图 15-3 所示。

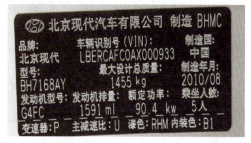

图 15-2　车身铭牌上的颜色代码

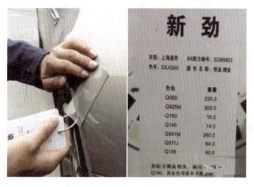

图 15-3　色卡

三、查询颜色配方

每个油漆生产商都有各自的颜色查询系统,各油漆商颜色查询系统基本操作均一致。在查询到车身颜色代码后,还需通过油漆供应商的颜色配方查询系统,查询后才能得到颜色色母配方。本项目以 BASF-Glasurit 22 系列双组分油漆为例查询。

(1) 开启颜色系统网站(http://coloronline.glasurit.com/index.php),如图 15-4 所示。

图 15-4　鹦鹉颜色系统查询(1)

(2) 输入车身颜色代码 (BMW 300),如图 15-5 所示。

(3) 点击开始搜索功能,如图 15-6 所示。

图 15-5　鹦鹉颜色系统查询(2)

图 15-6　鹦鹉颜色系统查询(3)

(4)选取汽车厂商(汽车品牌),如图 15-7 所示。

图 15-7　鹦鹉颜色系统查询(4)

(5)选择油漆类别(鹦鹉 22 系列),如图 15-8 所示。

图 15-8　鹦鹉颜色系统查询(5)

(6)选择漆面光泽效果区分（BMW 3000 标准色），如图 15-9 所示。

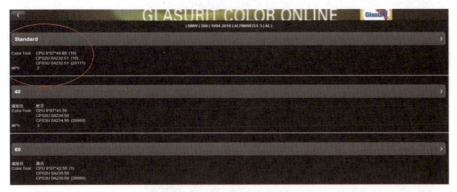

图 15-9　鹦鹉颜色系统查询(6)

(7)选择油漆类别（BMW 300,22 系列,油性），如图 15-10 所示。

图 15-10　鹦鹉颜色系统查询(7)

(8)得到油漆配方（BMW300,22 系列,油性），如图 15-11 所示。

图 15-11　鹦鹉颜色系统查询(8)

具体的，BMW 300,22 系列——标准色配方的色母与编号、计量单位、绝对值、累计添加情况如图 15-12～图 15-16 所示。

四、配方油漆混合

色母添加注意事项有：必须按照色母配方的顺序从上往下依次添加色母；必须使用精度为 0.1g 及以上的电子秤；色母使用前必须充分搅拌，使其混合均匀，如图 15-17 所示。

图 15-12　鹦鹉颜色系统查询结果（1）

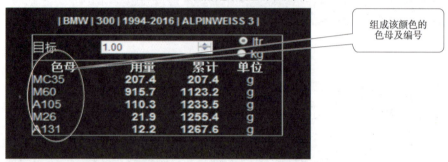

图 15-13　鹦鹉颜色系统查询结果（2）

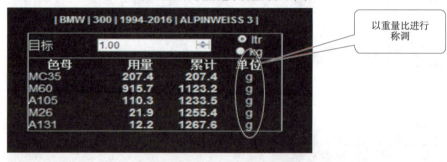

图 15-14　鹦鹉颜色系统查询结果（3）

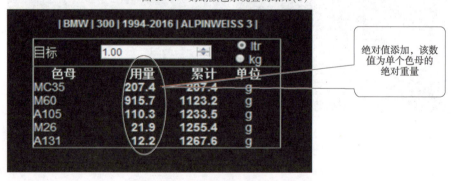

图 15-15　鹦鹉颜色系统查询结果（4）

五、喷涂试板

喷涂试板注意事项有：按照标准喷涂方法；注意安全防护，如图 15-18 所示。

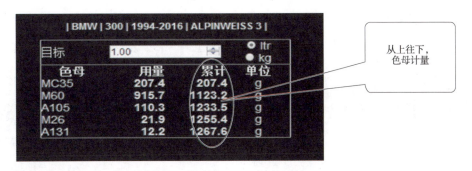

图 15-16　鹦鹉颜色系统查询结果(5)

图 15-17　配方添加色母

图 15-18　喷涂色板

六、颜色比对

颜色比对注意事项有:正面、侧面、多光源条件下进行多次颜色比对,如图 15-19 所示。

七、颜色微调

颜色微调注意事项有:利用色母挂图;查询单个色母特性;利用颜色理论分析,如图 15-20 所示。

八、喷板与比色

喷涂试板与比色注意事项有:按照标准喷涂方法;注意安全防护。

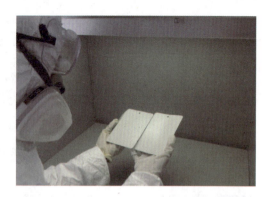

图 15-19　颜色比对

图 15-20　分析配方颜色色母特性进行颜色微调

九、颜色存档

通过比对与微调后与目标颜色相同，则需将调整后的颜色配方存档，以便下次使用，如图 15-21 所示。

图 15-21　颜色配方存档

习　题

一、判断题

1. 色相一般围绕其邻色发生变化，此时可选择主色相邻色进行调整，同时主色彩度会

上升。	(　　)

2. 明度可以通过加入黑、白色母来进行调整,黑色降低明度同时变深,白色则增加明度同时变浅。	(　　)

3. 彩度可通过改变灰色来调整,如同时加入黑色与白色母或减少主色色母均可降低彩度。加大主色色母的量可增加彩度。	(　　)

4. 素色漆配方应选用4种色母以下为原则,特别情况除外。	(　　)

5. 素色漆在调配过程中本着先调深浅再调色相得原则进行。	(　　)

6. 对色时一般比样板稍浅一些,因为素色漆干燥后颜色会深些。	(　　)

7. 红、黄、蓝颜料等量混合起来可得到白色。	(　　)

8. 颜料调色的过程是加色混合。	(　　)

9. 调色时颜色由鲜艳向浑浊调整相对比较容易。	(　　)

10. 色环上相对的两个颜色相加会得到灰色。	(　　)

二、单项选择题

1. 以下不是光的三原色的是(　　)。
   A. 红　　　　　　B. 黄　　　　　　C. 绿

2. 物体表面的颜色是(　　)。
   A. 折射光的颜色　　B. 反射光的颜色　　C. 吸收光的颜色

3. 黄色与红色可以调配出(　　)。
   A. 橙色　　　　　B. 绿色　　　　　C. 紫色

4. 紫色与绿色可以调配出(　　)。
   A. 橙色　　　　　B. 橄榄色　　　　C. 香槟色

5. 关于拭干施涂,正确的是(　　)。
   A. 第一遍30%覆盖　B. 第一遍70%覆盖　C. 均匀施涂

6. 色板烤箱一般温度为(　　)℃。
   A. 30　　　　　　B. 40　　　　　　C. 60

7. 以下不属于颜色的三个基本属性的是(　　)。
   A. 色相　　　　　B. 明度　　　　　C. 色彩

8. 整板喷涂面漆时,通常喷枪扇面调整为(　　)。
   A. 15cm　　　　　B. 20cm　　　　　C. 25cm

9. 纯色颜料的直径颗粒通常为(　　)。
   A. 10μm　　　　　B. 20~40μm　　　C. 3~5μm

10. 检查颜色的最佳光源是(　　)。
    A. 白炽灯　　　　B. 自然日光　　　C. 钠光灯

三、多项选择题

1. 下列关于双组分色漆喷涂描述,正确的是(　　)。
   A. 使用1.3mm口径的喷枪喷涂
   B. 素色漆喷涂的标准是均匀覆盖
   C. 最后一遍喷涂双组分色漆可加入清漆,以增加光泽度

D. 能够耐 60~80℃高温烘烤

2. 对于双组分色漆的要求有(　　)。
   A. 具有极佳的光泽　　　　　　　　　　　B. 极佳的颜色遮盖力
   C. 极佳的流平性　　　　　　　　　　　　D. 极佳的施工性能

3. 喷涂素色漆是需要选择的防护用品是(　　)。
   A. 护目镜　　　　　B. 防尘口罩　　　　C. 防溶剂手套　　　D. 棉手套
   E. 安全鞋　　　　　F. 防静电工作服　　G. 防毒面具　　　　H. 工作服

4. 物体的三原色是(　　)。
   A. 红色　　　　　　B. 黄色　　　　　　C. 绿色　　　　　　D. 蓝色

5. 喷枪调整的要素有(　　)。
   A. 喷枪压力的调整　　　　　　　　　　　B. 扇面的调整
   C. 涂料流量的调整　　　　　　　　　　　D. 喷涂距离的调整

6. 影响涂料颜色的因素包括(　　)。
   A. 施工条件　　　　　　　　　　　　　　B. 喷涂手法
   C. 喷漆房风速　　　　　　　　　　　　　D. 喷枪

7. 调色时为了准确把握色母特性,应使用的颜色工具有(　　)。
   A. 色母指南　　　　　　　　　　　　　　B. 色环图
   C. 调色灯箱　　　　　　　　　　　　　　D. 测色仪

8. 素色漆调色可以用漆尺拉湿涂料与车身比色,湿态的素色漆与样板相比(　　)。
   A. 更鲜艳些　　　　　　　　　　　　　　B. 更暗淡些
   C. 更深些　　　　　　　　　　　　　　　D. 更浅些

9. CIE 表色系中的基础色调是(　　)。
   A. 红　　　　　　　B. 绿　　　　　　　C. 紫　　　　　　　D. 蓝

10. 调色和微调所需的工具有(　　)。
    A. 灯箱　　　　　　　　　　　　　　　　B. 涂料公司提供的色卡
    C. 比例尺　　　　　　　　　　　　　　　D. 电子秤

项目十六　单组分素色漆调色

学习目标

完成本项目学习后,你应能:
1. 熟悉并严格课程相关考勤、纪律、安全等课程要求;
2. 学会正确使用鹦鹉颜色查询系统查询鹦鹉油性55系列素色漆配方;
3. 掌握单组分素色漆按配方调配流程。

建议学时

2学时。

一、单组分素色漆调色流程(图16-1)

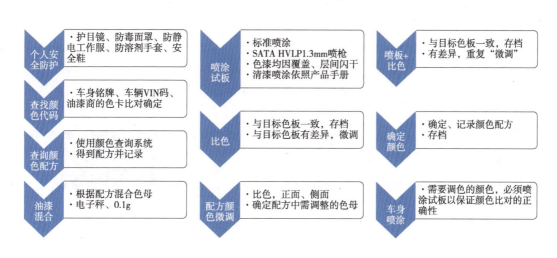

图16-1　单组分素色漆调色流程

在涂装修补中,往往要先判断涂层的类型,确定修补方法。根据涂层的类型特点,维修技师厂使用白色棉布(棉花)配合细抛光蜡,擦拭涂层表面。结果如双工序涂层表面是罩光清漆所以擦拭后没有颜色脱落;单工序涂层颜料和树脂混合在一起,擦拭后会有颜色脱落,如图16-2所示。

103

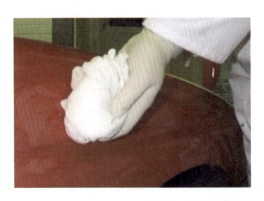 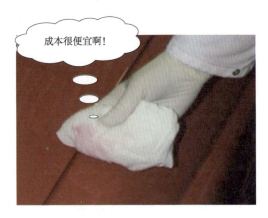

图 16-2　鉴别漆面类型(左图为双工序、右图为单工序)

二、鹦鹉颜色系统查询单组分 55 系列(油性)

每个油漆生产商都有各自的颜色查询系统,各油漆商颜色查询系统基本操作均一致;本项目以巴斯夫-鹦鹉油漆的颜色系统为例进行学习(鹦鹉油漆的单组分涂料代码为 55 系列)。

(1) 打开鹦鹉颜色查询系统(网址为 http://coloronline.glasurit.com/index.php),如图 16-3 所示。

图 16-3　鹦鹉颜色系统查询页面(1)

(2) 输入车身颜色代码(BMW 300),如图 16-4 所示。

图 16-4　鹦鹉颜色系统查询(2)

(3) 选取汽车厂商信息(汽车品牌),如图 16-5 所示。

(4) 选择油漆类别(鹦鹉 55 系列),如图 16-6 所示。

(5) 点击"开始搜索(F2)"(以 BMW300 为例),如图 16-7 所示。

项目十六　单组分素色漆调色

图16-5　鹦鹉颜色系统查询(3)

图16-6　鹦鹉颜色系统查询(4)

图16-7　鹦鹉颜色系统查询(5)

(6)勾选并核对颜色信息(生产厂家、生产年份)(以BMW300为例),如图16-8所示。

图16-8　鹦鹉颜色系统查询(6)

(7)点击"下一个"查询配方(以BMW300为例),如图16-9所示。
(8)选择油漆"偏差色"(以BMW300为例),如图16-10所示。
(9)得到油漆配方页面(以BMW300为例),如图16-11所示。
(10)选择配方色母单位(以BMW300为例),如图16-12所示。需要注意的是,在选择配方时,色母的单位有Ltr-升、kg-千克。一般无特殊情况,选Ltr为单位。

105

图 16-9　鹦鹉颜色系统查询(7)

图 16-10　鹦鹉颜色系统查询(8)

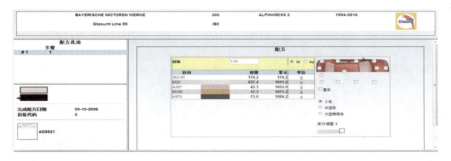

图 16-11　鹦鹉颜色系统查询(9)

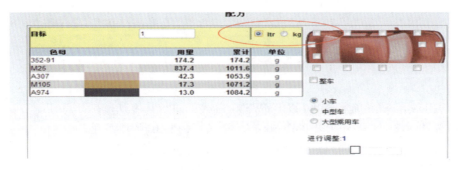

图 16-12　鹦鹉颜色系统查询(10)

（11）按喷涂部位选择用量(以 BMW300 为例)。提示：系统会自动根据你选择的喷涂部位预估你所需的油漆量，如图 16-13 所示。

指示量仅是所需颜色的预估量。量的选取依靠底色、颜色、应用或其他影响因素。

图 16-13　鹦鹉颜色系统查询(11)

三、单组分素色漆微调

单组分素色漆微调流程与双组分素色漆调色基本相同，最主要的区别在于单组分素色漆喷涂后必须喷涂清漆层，如图 16-14 所示。

图 16-14　单组分素色漆微调流程

习　题

一、判断题

1. 使用白色棉布(棉花)配合细抛光蜡，擦拭涂层表面有颜色脱落是双工序。　　　(　　)
2. 在调色时稀释剂用量过多，会使双工序银粉漆遮盖力差，容易起花。　　　(　　)
3. 在调漆时可以戴防尘口罩。　　　(　　)
4. 调配金属漆时，要选用正面暗、侧面较亮的色卡配方为基准做调整。　　　(　　)
5. 在调色中，由于色母颜料的"沉降效应"，会使颜色变浅。　　　(　　)
6. 在调色时，应掌握由深入浅、由浊到艳的手法。　　　(　　)
7. 喷漆时，喷涂人员可以利用喷涂手法的手段达到微调色泽的目的。　　　(　　)
8. 新银粉色母上架需先用手工或振荡机摇均匀。　　　(　　)
9. 银粉漆珍珠漆最后都要薄喷一层来调整银粉、珍珠的颗粒排列。　　　(　　)

10. 在调色时加入的色母越多,颜色就会变得越浑浊。 (   )

二、单项选择题

1. 在亮银和闪银中使用的银粉颗粒越小,(   )。
   A. 正面、侧面越黑　　　　　　　　B. 正面、侧面越白
   C. 正面越白、侧面越黑

2. 喷涂银粉面漆前,干磨中涂底漆应该使用的砂纸型号是(   )。
   A. P500　　　　　　B. P400　　　　　　C. P1000

3. 喷涂银粉漆时,黏尘布的作用是(   )。
   A. 清洁表面水雾　　　　　　　　　B. 除静电
   C. 清除喷涂时散落在工件上的漆雾

4. 物体表面的颜色是(   )。
   A. 折射光的颜色　　　B. 反射光的颜色　　　C. 吸收光的颜色

5. 银粉色母的基质是(   )。
   A. 铜粉　　　　　　B. 铝粉　　　　　　C. 锌粉

6. 为了确保颜色配方的正确,配置时应测量色母的(   )。
   A. 体积　　　　　　B. 黏度　　　　　　C. 质量

7. 关于银粉的使用特点,以下说法正确的是(   )。
   A. 银粉的颗粒越大,正面就越闪亮,但侧面会越暗
   B. 银粉的颗粒越大,正面越暗,但侧面会越闪亮
   C. 银粉的颗粒越大,正面越闪亮,侧面也会越闪亮

8. 在调配中,银粉漆是采用(   )的方式来比对颜色的。
   A. 喷涂色卡比对　　　　　　　　　B. 直接用尺子拉色比对
   C. 在多光源下比色

9. 在亮银中加入少量的白色漆,可以使得银粉(   )。
   A. 正面亮度增加,侧面变浅　　　　B. 正面亮度增加,侧面变深
   C. 正面亮度降低,侧面变浅

三、多项选择题

1. 调配银粉漆时,调色灯箱中提供的光源有(   )。
   A. 荧光灯光源　　　　　　　　　　B. 白炽灯光源
   C. 紫外光光源　　　　　　　　　　D. 红外光光源

2. 调配银粉漆时要准备的工具有(   )。
   A. 灯箱　　　　　　　　　　　　　B. 涂料公司提供的色卡
   C. 比例尺　　　　　　　　　　　　D. 电子秤

3. 在调色时,会影响银粉漆色差的因素有(   )。
   A. 涂料材料批次色差　　　　　　　B. 涂料材料遮盖的能力
   C. 施工参数　　　　　　　　　　　D. 检测仪器操作不当

4. 最主要影响银粉漆色的因素有(   )。
   A. 底色漆　　　　B. 喷涂层数　　　　C. 清漆　　　　D. 喷枪压力

5. 调配颜色前要做好( )等工作。
   A. 色母已搅拌均匀
   B. 色母的数量满足
   C. 调色罐是干净
   D. 搅拌尺已准备

6. 在称量色母时,下述正确的有( )。
   A. 有把握时可以一次数量调够,没有把握的先根据配方调出小样
   B. "宁少误多"对某个色母的用量没有完全把握,可以先少加点
   C. 应该把电子秤放在稳固的桌面上
   D. 电子秤已校正

7. 影响银粉漆颜色的因素有( )。
   A. 调色能力
   B. 喷涂技巧
   C. 施工环境
   D. 色母颜料的比重

项目十七 银粉漆调色

学习目标

完成本项目学习后,你应能:
1. 指出双工序油漆素色漆与银粉漆的关系;
2. 辨识单工序和双工序漆面;
3. 简述鹦鹉颜色查询的查询步骤,并会辨识各步骤中的界面及注意事项。

建议学时

2 学时。

一、油漆类型

根据面漆的施工工序,面漆可以分为单工序面漆(双组分)和双工序面漆(单组分),如图 17-1 所示。其中,在单组分(双工序)色漆中,为了使颜色更具闪烁感,在基本素颜颜料的基础上加入了"银粉颗粒"(铝薄片),如图 17-2 所示。

：单组分(双工序)：色漆层喷涂+清漆层喷涂,高光泽。
　　　双组分(单工序)：只喷涂一层,光泽度能基本达到要求。

图 17-1　单组分和双组分油漆

图 17-2　单组分双工序银粉漆面结构

二、鉴别单工序和双工序漆面

在涂装修补中,往往要先判断涂层的类型,进而确定修补方法。根据涂层的类型特点,维修技师使用白色棉布(棉花)配合细抛光蜡,擦拭涂层表面,从而判别涂层的类型。双工序涂层表面是罩光清漆,所以擦拭后没有颜色脱落;单工序涂层颜料和树脂混合在一起,擦拭后会有颜色脱落,如图17-3所示。

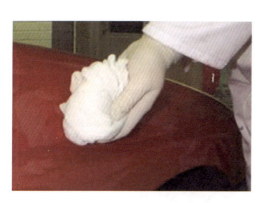 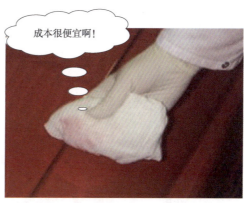

图17-3 鉴别漆面类型(左图为双工序、右图为单工序)

三、鹦鹉颜色系统查询单组分55系列(油性)

(1)打开鹦鹉颜色查询系统(网址为http://coloronline.glasurit.com/index.p),如图17-4所示。

图17-4 鹦鹉颜色系统查询界面(1)

(2)输入车身颜色代码(BMW 300),如图17-5所示。

(3)选取汽车厂商信息(汽车品牌),如图17-6所示。

(4)选择油漆类别(鹦鹉55系列),如图17-7所示。

(5)点击"开始搜索(F2)"(以BMW300为例),如图17-8所示。

(6)勾选并核对颜色信息(生产厂家、生产年份,以BMW300为例),如图17-9所示。

图17-5 鹦鹉颜色系统查询界面(2)

图17-6 鹦鹉颜色系统查询界面(3)

图17-7 鹦鹉颜色系统查询界面(4)

(7)点击"下一个"查询配方(以 BMW300 为例),如图17-10 所示。

(8)选择油漆"偏差色"(以 BMW300 为例),如图17-11 所示。

(9)得到油漆配方页面(以 BMW300 为例),如图17-12 所示。

(10)选择配方色母单位(以 BMW300 为例),如图17-13 所示。需要注意的是,在选择配方中,色母的单位有 Ltr-升、kg-千克。一般无特殊情况,选 Ltr 为单位。

(11)按喷涂部位选择用量(以 BMW300 为例)。提示:系统会自动根据你选择的喷涂部位预估你所需的油漆量,如图 17-14 所示。

图 17-8　鹦鹉颜色系统查询界面(5)

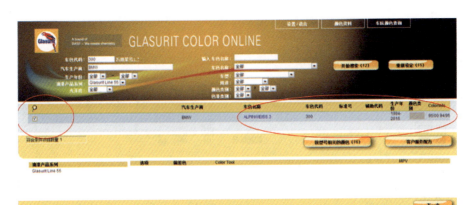

图 17-9　鹦鹉颜色系统查询界面(6)

图 17- 10　鹦鹉颜色系统查询界面(7)

四、色母添加注意事项

(1)必须按照色母配方的顺序从上往下依次添加色母。

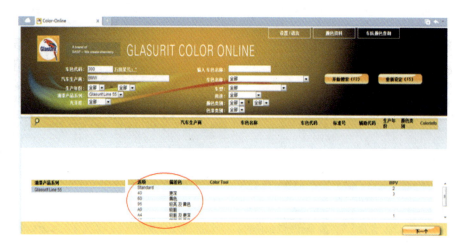

图 17-11　鹦鹉颜色系统查询界面(8)

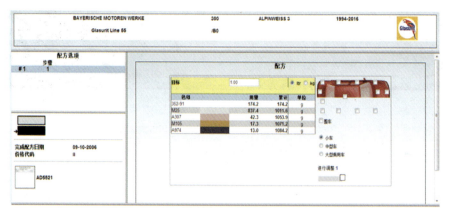

图 17-12　鹦鹉颜色系统查询界面(9)

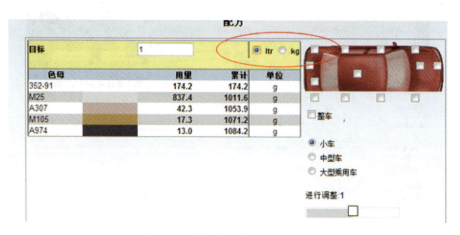

图 17-13　鹦鹉颜色系统查询界面(10)

(2)必须使用最小精度为 0.1g 及以上的电子秤。

(3)色母使用前必须充分搅拌,使其混合均匀。

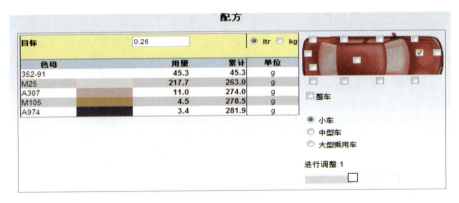

指示量仅是所需颜色的预估量。量的选取依靠底色，颜色，应用或其他影响因素。

图 17-14　鹦鹉颜色系统查询界面(11)

习　　题

一、判断题

1. 调金属漆时,加银粉会使漆色浅,加色母会深,并改变色相。　　　　　(　　)
2. 调金属漆要考虑色母的遮盖力。　　　　　　　　　　　　　　　　　(　　)
3. 选定银粉的方法为:分析银粉的目视粗细、数量,是普通银还是闪银。　(　　)
4. 粗细与白度有关,白度越高,目视越细。　　　　　　　　　　　　　(　　)
5. 闪银比普通银正面亮白,侧面更暗。　　　　　　　　　　　　　　　(　　)
6. 调色时,加入黑色可使其变深,加入银粉,珍珠变浅。　　　　　　　(　　)
7. 正侧面两个角度都太暗时,需加入银粉冲淡,在减少白色用量。　　　(　　)
8. 不规则形状的银粉,正面的亮度相对较高,侧视的亮度相对较低。　　(　　)
9. 色调的强弱反映出亮度的大小。　　　　　　　　　　　　　　　　　(　　)
10. 调配颜色时,在任何光源下都可以进行。　　　　　　　　　　　　　(　　)

二、单项选择题

1. 以下是椭圆形银粉的是(　　)。

　　A. 无光银　　　　　　B. 亮银　　　　　　C. 闪银

2. 孟塞尔系统中,经度代表的是(　　)。

　　A. 明度　　　　　　　B. 色相　　　　　　C. 彩度

3. 如果希望调出来的颜色正面变得很灰暗,稍远些感到整体发黑,可以使用(　　)。

　　A. 平光银　　　　　　B. 亮银　　　　　　C. 闪银

4. 如果需要把银粉漆正面调的更白、更亮,把侧视调暗,以下方法最有效最常用的是(　　)。

　　A. 使用椭圆形银粉　　B. 加入白色色母　　C. 减少银粉用量

5. 在亮银和闪银中使用的银粉颗粒越小,(　　)。

　　A. 正面、侧面越黑　　B. 正面、侧面越白　　C. 正面越白,侧面越黑

6. 在亮银中加入少量白色漆,可以使银粉（　　）。
   A. 正面亮度增加,侧面变浅　　　　B. 正面亮度增加,侧面变深
   C. 正面亮度降低,侧面变浅

7. 需要制作分色样板来比色的是（　　）。
   A. 银粉漆　　　　B. 双工序珍珠漆　　　　C. 三工序珍珠漆

8. 与银粉漆喷涂时的闪干时间无光的是（　　）。
   A. 喷涂厚度　　　　B. 银粉含量　　　　C. 气温

9. 关于湿喷银粉的效果,以下说法正确的是（　　）。
   A. 正面相对较暗,侧面相对较亮　　　　B. 银粉颗粒显得比较粗
   C. 颜色彩度较高

10. 为了确保颜色配方的正确,配制时应测量色母的（　　）。
    A. 体积　　　　B. 黏度　　　　C. 质量

三、多项选择题

1. 配色灯箱中提供的光源有（　　）。
   A. 荧光灯光源　　　　B. 白炽灯光源
   C. 紫外光光源　　　　D. 红外光光源

2. 调色和微调所需的工具有（　　）。
   A. 灯箱　　　　B. 涂料公司提供的色卡
   C. 比例尺　　　　D. 电子秤

3. 准备色母时需要确认的有（　　）。
   A. 色母已经搅拌均匀　　　　B. 色母数量足够
   C. 调配涂料的罐子是干净的　　　　D. 电子秤已校准

4. 影响色差的一些因素有（　　）。
   A. 涂装材料批次色差　　　　B. 涂装材料遮盖的能力
   C. 施工参数　　　　D. 检测仪器操作不当

5. CIE 表色系中的基础色调是（　　）。
   A. 红　　　　B. 绿　　　　C. 紫　　　　D. 蓝

6. 调整金属漆侧视效果的手段主要有（　　）。
   A. 选用合适的银粉组合　　　　B. 使用银粉控色剂
   C. 使用白色色母　　　　D. 使用遮盖力强的色母

7. 影响银粉漆颜色匹配的因素有（　　）。
   A. 稀释剂的种类　　　　B. 稀释剂的比例
   C. 喷枪的气压　　　　D. 喷枪扇面的调节

项目十八　珍珠漆调色

> **学习目标**
>
> 完成本项目学习后,你应能:
> 1. 熟悉并严格课程相关考勤、纪律、安全等课程要求;
> 2. 掌握双工序金属漆(银粉漆/珍珠漆)知识;
> 3. 掌握观察珍珠漆面的方法;
> 4. 学会鹦鹉油性 55 系列单组分珍珠色漆色漆调色系统查询。
>
> **建议学时**
>
> 2 学时。

一、珍珠漆

在单组分金属漆中,根据面漆的组成成分、反光效果及施工工序不同,将金属漆分为单工银粉漆和珍珠漆,如图 18-1 所示。

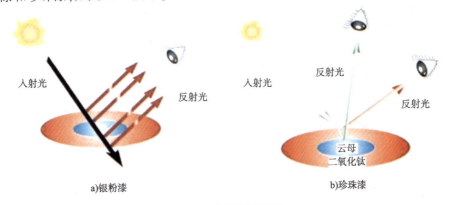

图 18-1　银粉漆和珍珠漆

由图 18-1 可以看出,银粉漆和珍珠漆的根本区别在于银粉(铝薄片)与珍珠(人工云母片)反光的效果不一样。在涂层机构中,银粉漆漆面与珍珠漆漆面结构仍然是有区别的,如图 18-2所示。

根据图 18-2 可知,珍珠漆面为三工序施工方法。但是,在珍珠漆被发明的前期,珍珠漆也有两工序的施工方法,即把珍珠漆加入到银粉漆中,与银粉漆一同喷涂,如图 18-3、图 18-4 所示。三工序珍珠漆的施工流程,如图 18-5 所示。

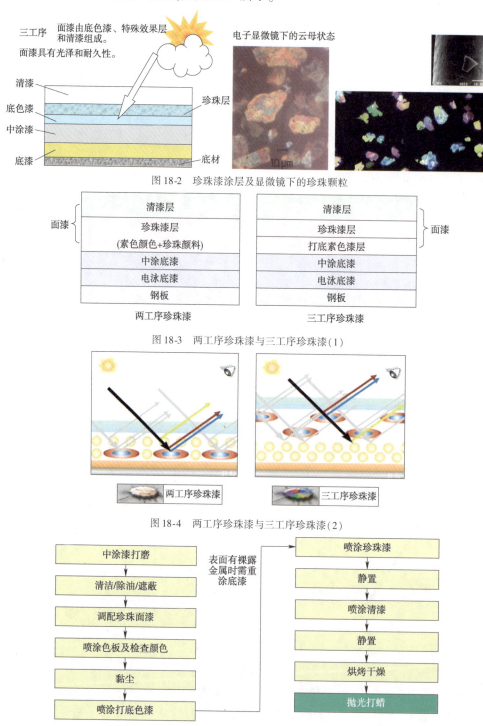

图 18-2　珍珠漆涂层及显微镜下的珍珠颗粒

图 18-3　两工序珍珠漆与三工序珍珠漆(1)

图 18-4　两工序珍珠漆与三工序珍珠漆(2)

图 18-5　三工序珍珠漆施工流程

二、鹦鹉颜色系统查询单组分 55 系列（油性）

(1) 打开鹦鹉颜色查询系统（网址为 http://coloronline.glasurit.com/index.php），如图 18-6 所示。

图 18-6　鹦鹉颜色系统查询页面(1)

(2) 输入车身颜色代码（BMW A96），点击 F2 开始搜索，如图 18-7 所示。

图 18-7　鹦鹉颜色系统查询(2)

(3) 选取汽车厂商信息（汽车品牌）——BYERISCHE MOTOREN WERKE，如图 18-8 所示。

图 18-8　鹦鹉颜色系统查询(3)

(4) 选择油漆类别（鹦鹉 55 系列），如图 18-9 所示。

图 18-9　鹦鹉颜色系统查询(4)

(5) 勾选并核对颜色信息（以 BMWAA96 为例），如图 18-10 所示。

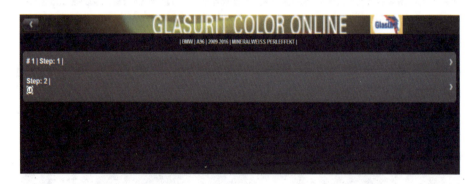

图 18-10　鹦鹉颜色系统查询(5)

(6) 得到标准配方（以 BMWA96 为例），如图 18-11 所示。值得注意的是，在选择配方中，色母的单位有 Ltr-升、kg-千克。一般无特殊情况，选 Ltr 为单位。

图 18-11　鹦鹉颜色系统查询(6)

三、色母添加注意事项

(1) 必须按照色母配方的顺序从上往下依次添加色母。

（2）必须使用最小精度为0.1g及以上的电子秤。
（3）色母使用前必须充分搅拌，使其混合均匀。

习　　题

一、判断题

1. 在单组分金属漆中，根据面漆的组成成分、反光效果及施工工序不同，将金属漆分为单工银粉漆和珍珠漆。　　　　　　　　　　　　　　　　　　　　　　　　　　（　）
2. 银粉漆和珍珠漆的根本区别在于银粉（铝薄片）与珍珠（人工云母片）反光的效果不一样。　　　　　　　　　　　　　　　　　　　　　　　　　　　　　　　　　（　）
3. 在涂层机构中，银粉漆漆面与珍珠漆面结构是没有区别的。　　　　　　　（　）
4. 珍珠漆有三工序，也有两工序。　　　　　　　　　　　　　　　　　　　（　）
5. 珍珠色的正面颜色由透色光产生，侧面颜色由反射光产生。　　　　　　　（　）
6. 珍珠漆的喷涂方法和银粉漆的喷涂方法一样。　　　　　　　　　　　　　（　）
7. 珠光颜料是以云母为基片，用钛白粉进行包膜而形成的。　　　　　　　　（　）
8. 珍珠漆的遮盖力没有素色漆的好。　　　　　　　　　　　　　　　　　　（　）
9. 在喷涂珍珠漆时一般要先打底素色漆层在喷涂珍珠漆层最后喷涂清漆。　　（　）
10. 面漆按照成膜物质种类可分为纯色漆、金属漆和珍珠漆。　　　　　　　（　）

二、单项选择题

1. 珍珠漆一般喷涂的层数是(　　)。
　　A. 1~2　　　　　　B. 2~3　　　　　　C. 3~4
2. 喷涂珍珠面漆前，干磨中涂底漆应该使用的砂纸型号是(　　)。
　　A. P500　　　　　 B. P400　　　　　 C. P1000
3. 喷涂珍珠漆时，黏尘布的作用是(　　)。
　　A. 清洁表面水雾　　　　　　　　　B. 除静电
　　C. 清除喷涂时散落在工件上的漆雾
4. 珍珠色母按一定比例混合后的颜色供调配(　　)。
　　A. 金属漆　　　　 B. 素色漆　　　　 C. 双组分漆
5. 调配珍珠漆时，要求找一个侧面(　　)。
　　A. 稍亮的色卡　　 B. 稍暗的色卡　　 C. 稍艳的色卡
6. 为了确保颜色配方的正确，配置时应测量色母的(　　)。
　　A. 体积　　　　　 B. 黏度　　　　　 C. 质量
7. 珍珠颜料的基质是(　　)。
　　A. 金粉　　　　　 B. 珍珠粉　　　　 C. 云母粉
8. 在调配中，珍珠漆是采用(　　)的方式来比对颜色的。
　　A. 喷涂色卡比对　　　　　　　　　B. 直接用尺子拉色比对
　　C. 在多光源下比色

三、多项选择题

1. 调配珍珠漆时调色灯箱中提供的光源有(　　)。

    A. 荧光灯光源   B. 白炽灯光源
    C. 紫外光光源   D. 红外光光源

2. 调珍珠漆时要准备的工具有(　　)。
    A. 灯箱   B. 涂料公司提供的色卡
    C. 比例尺   D. 电子秤

3. 在调色时会影响珍珠漆色差的因素有(　　)。
    A. 涂料材料批次色差   B. 涂料材料遮盖的能力
    C. 施工参数   D. 检测仪器操作不当

4. 最主要影响三工序珍珠色的因素有(　　)。
    A. 底色漆   B. 喷涂层数   C. 清漆   D. 喷枪压力

5. 感知颜色的要素来自于(　　)。
    A. 光   B. 眼睛   C. 物体   D. 大脑

6. 在称量色母时,下述正确的有(　　)。
    A. 有把握时可以一次数量调够,没有把握的先根据配方调出小样
    B. "宁少误多"对某个色母的用量没有完全把握,可以先少加点
    C. 应该把电子秤放在稳固的桌面上
    D. 电子秤已校正

7. 影响珍珠漆颜色的因素有(　　)。
    A. 调色能力   B. 喷涂技巧
    C. 施工环境   D. 色母颜料的比重